中华译学馆立馆宗旨

以中华为根 译与学并重

弘扬优秀文化 促进中外交流

拓展精神疆域 驱动思想创新

丁酉年冬月 许钧撰 罗卫东书

“十四五”时期国家重点出版物出版专项规划项目

中華譯學館·中华翻译研究文库

许　钧◎总主编

中国当代小说英译出版研究

王颖冲◎著

ZHEJIANG UNIVERSITY PRESS
浙江大学出版社

国家社科基金青年项目

“当代中文小说英译的海外评价与接受研究”（16CYY007）阶段性成果

总　序

改革开放前后的一个时期,中国译界学人对翻译的思考大多基于对中国历史上出现的数次翻译高潮的考量与探讨。简言之,主要是对佛学译介、西学东渐与文学译介的主体、活动及结果的探索。

20 世纪 80 年代兴起的文化转向,让我们不断拓宽视野,对影响译介活动的诸要素及翻译之为有了更加深入的认识。考察一国以往翻译之活动,必与该国的文化语境、民族兴亡和社会发展等诸维度相联系。三十多年来,国内译学界对清末民初的西学东渐与"五四"前后的文学译介的研究已取得相当丰硕的成果。但进入 21 世纪以来,随着中国国力的增强,中国的影响力不断扩大,中西古今关系发生了变化,其态势从总体上看,可以说与"五四"前后的情形完全相反:中西古今关系之变化在一定意义上,可以说是根本性的变化。在民族复兴的语境中,新世纪的中西关系,出现了以"中国文化走向世界"诉求中的文化自觉与文化输出为特征的新态势;而古今之变,则在民族复兴的语境中对中华民族的五千年文化传统与精华有了新的认识,完全不同于"五四"前后与"旧世界"和文化传统的彻底决裂与革命。于是，就我们译学界而言，对翻译的思考语境发生了根本性的变化，我们对翻译思考的路径和维度也不可能不发生变化。

变化之一，涉及中西，便是由西学东渐转向中国文化“走出去”，呈东学西传之趋势。变化之二，涉及古今，便是从与“旧世界”的根本决裂转向对中国传统文化、中华民族价值观的重新认识与发扬。这两个根本性的转变给译学界提出了新的大问题：翻译在此转变中应承担怎样的责任？翻译在此转变中如何定位？翻译研究者应持有怎样的翻译观念？以研究“外译中”翻译历史与活动为基础的中国译学研究是否要与时俱进，把目光投向“中译外”的活动？中国文化“走出去”，中国要向世界展示的是什么样的“中国文化”？当中国一改“五四”前后的“革命”与“决裂”态势，将中国传统文化推向世界，在世界各地创建孔子学院、推广中国文化之时，“翻译什么”与“如何翻译”这双重之问也是我们译学界必须思考与回答的。

综观中华文化发展史，翻译发挥了不可忽视的作用，一如季羡林先生所言，“中华文化之所以能永葆青春”，“翻译之为用大矣哉”。翻译的社会价值、文化价值、语言价值、创造价值和历史价值在中国文化的形成与发展中表现尤为突出。从文化角度来考察翻译，我们可以看到，翻译活动在人类历史上一直存在，其形式与内涵在不断丰富，且与社会、经济、文化发展相联系，这种联系不是被动的联系，而是一种互动的关系、一种建构性的力量。因此，从这个意义上来说，翻译是推动世界文化发展的一种重大力量，我们应站在跨文化交流的高度对翻译活动进行思考，以维护文化多样性为目标来考察翻译活动的丰富性、复杂性与创造性。

基于这样的认识，也基于对翻译的重新定位和思考，浙江大学于 2018 年正式设立了“浙江大学中华译学馆”，旨在“传承文化之脉，发挥翻译之用，促进中外交流，拓展思想疆域，驱动思想创新”。中华译学馆的任务主要体现在三个层面：在译的层面，推出包括文学、历史、哲学、社会科学的系列译丛，“译入”与“译出”互动，积极参与国家战略性的出版工程；在学的层面，就翻译活动所涉及的重大问题展开思考与探索，出版系列翻译研究丛书，举办翻译学术会议；在中外文化交流层面，举办具有社会影响力的翻译家论坛，思想家、作家与翻译家对话等，以翻译与文学为核心开展系列活动。正是在这样的发展思路下，我们与浙江大学出版社合作，集合全国译学界的力量，推出具有学术性与开拓性的“中华翻译研究文库”。

积累与创新是学问之道，也将是本文库坚持的发展路径。本文库为开放性文库，不拘形式，以思想性与学术性为其衡量标准。我们对专著和论文(集)的遴选原则主要有四：一是研究的独创性，要有新意和价值，对整体翻译研究或翻译研究的某个领域有深入的思考，有自己的学术洞见；二是研究的系统性，围绕某一研究话题或领域，有强烈的问题意识、合理的研究方法、有说服力的研究结论以及较大的后续研究空间；三是研究的社会性，鼓励密切关注社会现实的选题与研究，如中国文学与文化“走出去”研究、语言服务行业与译者的职业发展研究、中国典籍对外译介与影响研究、翻译教育改革研究等；四是研究的(跨)学科性,鼓励深入系统地探索翻译学领域的任一分支领域,如元翻译理论研究、翻译史研究、翻译批评研究、翻译教学研究、翻译技术研究等,同时鼓励从跨学科视角探索翻译的规律与奥秘。

青年学者是学科发展的希望,我们特别欢迎青年翻译学者向本文库积极投稿,我们将及时遴选有价值的著作予以出版,集中展现青年学者的学术面貌。在青年学者和资深学者的共同支持下,我们有信心把“中华翻译研究文库”打造成翻译研究领域的精品丛书。

许　钧

2018 年春

凡　例

一、收书范围

1．本书搜集的出版书目和数据涵盖中国当代小说的英译本，原作以中文写成，出版于1949年10月之后；英译本的首度出版时间为1949年至2019年之间。

2．本书搜集的出版书目和数据涵盖小说单行本、小说集，以及以当代小说为主体的文集，图书页码为49页或以上。[①]

3．本书所统计的书目为虚构类(fiction)，不包括非虚构的传记、回忆录、报告文学等。

4．本书所统计的数据未包含以下出版物：

a．期刊中的单篇译文

b．未公开出版发行的译本

c．仅在网络上或仅以电子书形式发表的译作

d．连环画本

---

① 根据联合国教科文组织1964年通过的《关于图书生产和期刊的数据国际标准化推荐》，48页及以下的称为小册子，49页及以上的列为图书（参见：http://portal.unesco.org/en/ev.php-URL_ID=13068&URL_DO=DO_TOPIC&URL_SECTION=201.html）。

二、附录书目项目

1. 作者姓名以汉语拼音标注，少数民族作家和境外作家的姓名除标识汉语拼音外，另外扩注译本上的拼写；译者姓名的注音方式以译本标注为准。

2. 三人或三人以上合著、合译的，只著录第一人姓名，后加"et al."字样。

3. 多人合译且未在封面或扉页署名的作品、独立翻译且未署名的作品，译者处标注为"not indicated"。

4. 附录书目中小说集编者未署名的则不标注。

5. 同名同姓的作家，通过编号并加注出生日期加以区分。

三、统计规则

1. 统计数据时，"单行本"指代单行本、个人小说集，或以小说为主的个人文集，"小说集"指代收录多位作家的小说集或以小说为主的文集。

2. 同一个译本仅统计一次，再版和重印不计算在内。

3. 多卷本小说的英译如分多次出版，则分册统计。

四、主要缩写

1. BJ：Beijing

2. CL：Chinese Literature(《中国文学》杂志社)

3. CLP：Chinese Literature Press(中国文学出版社)

4. FLP：Foreign Languages Press(外文出版社)

5. FLTRP：Foreign Language Teaching and Research Press(外语教学与研究出版社)

6. HK：Hong Kong

7. NY：New York

8. UP：University Press

序　言

自1949年起，中国政府便积极开展对外文化交流，翻译出版中国文学作品，向世界介绍中国。20世纪80年代以来，包括"熊猫丛书"在内的译介项目把大批中国当代作家带入国际视野，而英语世界对当代中国和中国文学也表现出极大的热情，哥伦比亚大学、夏威夷大学、印第安纳大学等大学的出版社竞相推出中国和亚洲文学系列丛书。除此之外，企鹅出版社（Penguin）、维京出版社（Viking Press）、兰登书屋（Random House）等商业出版社也加入了中国文学英译出版的工作，成为学/协会出版社、政府出版社之外的另一支重要力量。

各种文类里，译介者对小说抱有浓厚的兴趣，因为它们在一定程度上取材于生活，也最为直接地反映社会现实。作为目前最大众化的文学形式，小说的英译本成为目标语读者了解中国历史、社会和文化的重要窗口，虚构与现实之间的界限在阅读者眼中时而变得模糊，时而变得清晰。随着越来越多的中国作家通过翻译为世界读者所知晓，文学"中译外"、中国文化"走出去"成了近年来的焦点课题。

研究中国当代小说在英语世界的译介和传播情况，能够帮助我们了解中外译者和读者对中国文学、文化及社会的认识与态度，其中译作的出版情况可以说是此类研究最基本的素材。无论是个案研究，还是整体研究，无论是译本研究、译者研究，还是译介模式研究、接受研究，都需要具体书目和可靠数据的支撑，而不是研究者任意选取或者凭空揣测的。这种选题和研究的过程就类似于油气勘探和开采，只有充分了解当地的地质状况，利用各类勘测手段获知油气储量，评估含油气远景，才能确定油气聚集的有利地区，开始钻取。因此，要考察中国当代小说英译传播的情况，首先需要搜集译介出版的原始书目，进行数据分类整理和加工，才能发现值得关注的翻译现象和译介个案，而论述中做出“最有代表性”“译介最广泛”“译作最多”“影响力最大”之类的表述时才能有据可循，有本可依。

本书就是在原始书目搜集和数据整理方面的一次尝试，试图全面钩沉中国当代小说英译出版的历史发展和现状，包括其选材、数量、主题、译介模式等具体指标。附录部分列出了中国当代小说英译本的编目，全面而富有针对性，以期为从事文学中译外的学者提供参考。本书有助于回答有关中国当代小说英译传播的一系列问题，例如：近 70 年来，有多少部中国当代小说被译成英文出版？这期间英译传播的发展趋势是什么样的？21 世纪以来又有哪些新的出版动向值得关注？英译数量最多的前十位作家是谁？最为活跃的出版地、出版社和译者是哪些？这些数据在各阶段发生了哪些变化？这些问题牵涉到译介背景、模式、渠道和参与者等各个方面，是外部环境、文本内部，以及人类自身相结合的复杂活动。基于上述史料，我们将从英译的对象、主体、过程和结果等几个角度，探讨中国当代小说英译在不同历史阶段的特征，并对中国当代小说的译介提出建议和对策。

原始书目搜集和出版数据整理的过程往往是费力不讨好的，这就是为什么近几十年来鲜有规模较大的中国当代文学译介书目，一般只是针对某一刊物、某一丛书、某一地区、某一流派的专门类别书目。早期的一些译本不易获取，译者署名等信息也不甚完备，难免挂一漏万。而最近几年英译的中国当代小说，许多在多地同时出版或由多家出版社合作出版，信息更为庞杂，加之图书上架和上网信息滞后等原因，也恐有疏漏。不足之处还请同行和读者谅解，并于日后不断补充完善。

撰写过程中得到师友的无私帮助，获得匿名评审专家宝贵的指点与建议，在此一并致谢。另外，感谢我的学生韩雨飞、侯晴、廖雪莹协助资料整理和文稿校对。

本书的出版受到“北京中外文化交流研究基地项目”和国家社科基金青年项目“当代中文小说英译的海外评价与接受研究”(16CYY007)的资助。

王颖冲

北京外国语大学副教授

北京中外文化交流研究基地研究员

入选2021年北京外国语大学人才支持计划

目　录

第一章　绪　论

世界各国都有自己引以为豪的文学著作，这些著作不仅具有极高的思想性和艺术性，也折射出一个地方的历史沿革、社会风貌、文化思潮和风土人情。文学作品的翻译既是文本在空间上的传播和时间上的传承，也是一种新的演绎和生成。源语文化和文本通过翻译的棱镜，在本地化和语境化的过程中被赋予了新的意义。

按照目前世界文学译介流动的趋势，文本主要是从英语世界流向其他国家。英语作为源语言被译入其他语种的次数最多，根据联合国教科文组织所建的数据库"翻译索引"(index translationum)，英语的译介次数高达 1266110 次，远远超过位居第二的法语(226123 次)，而中文排在第 16 位(14071 次)。[①] 相比格拉尼斯(C. B. Grannis)对 1982 年到 1984 年世界主要译出语言出版量的统计，英语相较于其他语种的领先优势进一步扩大，而中文的排名又退后了四位。[②] 文学作品的译介走向很大程度上反映了不同文化之间影响力和流动性的差异，关系到世界文化的多样性和多元性。欧洲文学翻译工作者协会委员会(European Council of Literary Translators' Associations, CEATL)将文化多样性视为欧洲文化政策的重要议题，并指出了文学翻译领域存在三大主要问题：(1)其他语

---

① "TOP 50" Original language. http://www.unesco.org/xtrans/bsstatexp.aspx?crit1L=3&nTyp=min&topN=50.(2020-01-19)[2020-01-19].

② Venuti, L. *The Translators' Invisibility: A History of Translation*. London/New York: Routledge, 1995, p. 14.

种译入英语的数量不足，英文出版物中只有约3%是译作；(2)英语译入其他语种数量过多，尤其在一些小国，译自英语的作品占译著总量的80%；(3)小的非通用语种之间互译不足。① 在这样的大背景下，我们在翻译取材时应该广泛采撷，不应局限于翻译来自英语世界的作品，也要致力于挖掘各民族文学的独特魅力。同时，对本国文学外译的关注也不容忽视，有必要研究它们如何经由翻译走出国门，在异域生根开花，并融入到世界文学体系中去，这对于探讨世界文学图谱及其发展规律大有裨益。

虽然中国文化"走出去"战略和提高国家文化"软实力"的理念始于21世纪初，但文学与文化"走出去"的具体表现形式其实由来已久。早在1949年，中国已经开始有意识地对外译介当代文学作品，这也许就是今日"走出去"文化建设方针的雏形。早期的中国当代文学对外传播旨在扩大中国的国际影响力，同时也意欲带动国内文化事业的发展，对本国文学的觉醒、复苏、整合与发展都有积极的意义。过去70年间的翻译活动虽然存在波动和低谷，但总体而言，随着中国综合实力和国际影响力的增强，中国作品外译的译介数量大幅攀升。尤其是近30多年来，英语世界对于中国当代文学表现出更多的关注，主动翻译引进的力度大大增强。通过翻译，越来越多的中国作家为世界读者所知悉，这一成果离不开文化自觉和"走出去"的努力，也离不开国内外译者、学者和出版界人士的付出。

丰富的译介史料、文本素材、出版数据和"走出去"的新动向亟待系统的梳理，也将为相关研究提供广阔的平台和无限的可能性。同时，中国当代小说英译出版的研究也为译入其他语种的研究提供借鉴。以文学互译为出发点，以"一带一路"倡议为着眼点，对中国文学走向世界的历史与现状进行基础性调查，或能从不同地区和语种之间的共性和差异中有更多发现。

本书除绪论和结语外，分为四个部分，各占一章，分别是"中国当代文

① 参见：Translation statistics. https://www.ceatl.eu/current-situation/translation-statistics.[2020-01-19].

学英译的研究概况”“中国当代小说英译出版的历时发展”“中国当代小说英译出版的空间流动”，以及“中国当代小说英译出版的现状与问题”。

第二章是“中国当代文学英译的研究概况”。本章首先对现有文献进行分类和综述，确定研究空缺和研究问题。其次，在此基础上，本章阐释了本书对关键词的题解，详述书目搜集的来源和过程，以及该调查研究的意义、内涵和方法。文献梳理和趋势图谱分析显示，有关中国文学英译的研究在近十余年里引起普遍关注，但有关当代文学英译出版的研究只占一小部分。这里面，微观研究占绝大多数，且集中于一两位中心译者和作家，研究对象的范围还可大大拓展。为了确定具体有哪些翻译作品、翻译现象和翻译问题值得进一步探讨，需要我们对中国当代小说的英译出版进行全景式的扫描，这也正是本书编写的初衷。

第三章和第四章分别从时间和空间的维度全面钩沉中国当代小说英译出版的情况，贯穿以具体的文本、人物与事件，探析国内外政治、经济、文化、科技等因素与译介出版的关系。

第三章历时呈现了 1949 年至 2019 年之间的出版数量与趋势。对翻译历史的分期可以以历史政治事件为坐标，这样的划分不无道理，许多文学史和翻译史也沿用这些概念和话语，因为文学创作与历史沿革往往有着密切的联系。但正如韦勒克(Rene Wellek)和沃伦(Austin Warren)所述：“这样，文学就被认为是完全由一个国家的政治或社会革命所决定。如何分期的问题也交给了政治和社会史学家去做，他们的分期方法通常总是毫无疑问地被采用。”①不过，这种分期方式在近代的英国文学史中基本消失了，因为学者们发现两股历史的线条并不吻合。② 所以，我们首先全面考察和统计了中文小说在这 70 年间英译出版的情况，再根据数量变化的趋势进行分段描述。即便其结果与传统划分恰好一致，也并不表示

---

① 韦勒克，沃伦.文学理论.刘象愚，等译.北京：生活·读书·新知三联书店，1984：303.

② 韦勒克，沃伦. 文学理论.刘象愚，等译.北京：生活·读书·新知三联书店，1984：303-304.

这样的先期工作可有可无,因为两种不同的分期方法恰恰反映了研究者如何看待小说翻译与历史进程和社会环境的关系。

第四章深入剖析了中国当代小说英译出版的空间特征。这里的空间不光是地理概念,即作品从汉语世界传播到英语世界,还涉及跨越语种、翻译方向、突破传统媒体的边界等问题。本书调查统计了中国当代小说英译的原作选材、发起人和出版地、翻译方向、出版媒介等方面的情况,通过大量图表呈现其分布情况。我们可以清楚看到,20 世纪下半叶起哪些地区的作家被译介的次数最多,英译出版的地域分布是怎样的。这样做有助于我们看到作品来源、译介模式和出版发行渠道的多样性,继而分析这些空间特征在 70 多年中的变化趋势与动因。

第五章基于目前中国当代小说的英译出版的问题提出了针对性建议。我们将从对象、主体和过程三个横断面剖析译介现状,统计说明哪类题材的当代小说最受译介者的欢迎、最高产的译者有哪几位、哪些作品有两个或多个译本可供比较分析等。这比印象式的评价、主观式的论断和枚举式的列数更具有说服力。调研揭示了中国当代文学“走出去”的过程中面临的困难和不足,不管是译作的整体数量、多样性,还是传播渠道,目前都普遍存在问题,需要在出版引导机制、翻译人才培育、目标市场拓宽、译介出版的经济与技术支持等多方面给出合理、有效且可操作的对策。这充分体现出学术研究对翻译实践和政策制定的指导意义,将史料价值、理论价值和应用价值相结合。

除此之外,为便于其他学者展开后续研究,本书的附录部分集中列举了中国当代小说英译出版的书目,包括单行本和小说集,方便查找和锁定某位作家的海外译介成果或某一历史时期内中国当代小说英译出版的情况。这一翻译出版数据本身就具有很高的学术价值,可以为以后的相关研究奠定基础。

第二章　中国当代文学英译的研究概况

对中国当代文学译介出版的研究不仅能够为国家文化发展战略提供一手数据，为国际交流、文化融通的决策提供必要支撑，而且能够有效带动文学译介、文化传播、历史阐释、翻译理论与实践等领域的研究工作，拓展研究领域，深化研究层次，推动跨学科研究的进展。

对于 20 世纪下半叶的出版物，可以借助电子化的媒介来考证版本。但由于这一时期出版量急剧增加，再版、多地联合出版的信息更为庞杂，要细考确证也很烦琐。而现有中文小说的英译书目品种少，遗漏、错误多，尤其是对于 20 世纪末之后的英译本，尚没有相关梳理。囿于文献工作的局限性，综合性研究也有待开展，因此书目编纂是本调研的基础。

第一节　现有文献综述

与 1949 年以来中国文学英译的发展趋势相对应的，是相关研究数量的显著变化。相关专著、期刊论文和科研项目都在近十年中大幅增加，而此前其走势一直平稳，且年平均数量处于低位。[①] 在中国知网(cnki.net)上对期刊论文进行检索，按照“主题”搜索关键词“中国文学”，并在结果中进一步搜索“翻译”，1949 年至 2019 年间共得到 2107 条检索结果。

① 王颖冲. 中文小说英译研究. 北京：外语教学与研究出版社，2019：2-7.

1980—2019 年具体数据的变化趋势见图 2.1。[①]

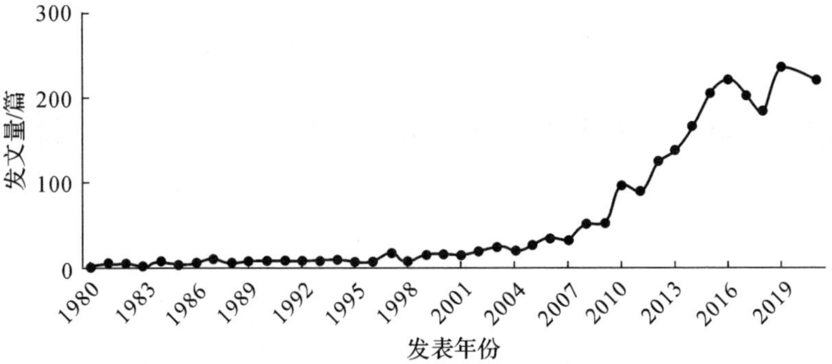

图 2.1　中国知网上有关"中国文学"和"英译"主题的期刊论文数量趋势

不过较之古代和现代经典的英译研究，目前我们对当代小说英译出版的分析还不够全面深入。如果我们把检索主题词换为"中国当代文学"和"翻译"，那么截至 2019 年底的数据则只有 330 篇，不足文献总量的四分之一。目前有关中国文学英译的研究主要分为以下几类：

第一类是关于特定作家、作品和译者的英译研究，如聚焦于莫言小说英译[②]、葛浩文英译作品[③]等，这类研究也是数量最多的。它们选取典型个案，在选定好某一切入点进行深度剖析的同时，亦广泛涉及该案例翻译传播的各个环节，如译介渠道、译介模式、翻译策略、传播效果等。

其中译者研究以葛浩文(Howard Goldblatt)为中心，辐射至当代海外汉学家群体。中国知网上 330 篇"主题"为"中国当代文学"和"翻译"的

---

① 检索日期为 2021 年 11 月 14 日。需要指出的是，以"主题"关键词搜索的方式，并不能穷尽相关研究。

② 鲍晓英. 中国文学"走出去"译介模式研究——以莫言英译作品译介为例. 青岛：中国海洋大学出版社，2015；鲍晓英. 莫言小说译介研究. 上海：上海交通大学出版社，2016.

③ 贾燕芹. 文本的跨文化重生：葛浩文英译莫言小说研究. 北京：中国社会科学出版社，2016；刘云虹. 葛浩文翻译研究. 南京：南京大学出版社，2019；张雯，付宁. 葛浩文翻译风格研究. 上海：上海交通大学出版社，2019；孙宇. 文化翻译视域下葛浩文英译莫言小说研究. 北京：中央编译出版社，2019.

期刊论文中，专门讨论葛浩文的就有 28 篇，占 8.48%，仅次于“汉学家”(32 篇，9.70%)，与“海外传播”(28 篇，8.48%)并列第二位。而后两类文献往往也以葛浩文为重要案例展开论述。① 在中国知网上以“葛浩文”为主题词进行检索(检索时间为 2021 年 11 月 14 日)，共得到 501 条文献，发文量自 2010 年后稳步攀升(见图 2.2)，有关杜博妮、蓝诗玲的译者研究也有一些，其他译者的研究则十分薄弱。

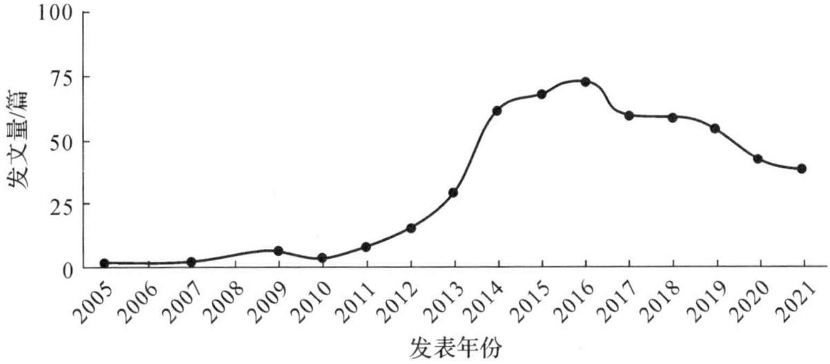

图 2.2 中国知网上以“葛浩文”为关键词的期刊论文数量趋势

作家研究的发展趋势受“诺奖效应”影响很大。国际大奖不仅能够提升获奖者的公众关注度、促进相关图书出版繁荣，也带动了具体学科领域的发展。2012 年诺贝尔文学奖得主莫言是最为热门的译介研究对象。我们以“翻译”为主题词，以“莫言”为关键词进行检索，共有 160 篇期刊论文，而以“贾平凹”为关键词的只有 22 篇②。关于莫言的翻译研究热度正是在 2012 年后急速提升，2016 年之后则开始下降，这也是诺奖光环逐渐退却的必然结果；贾平凹作品的英译研究则正是在这个时候开始攀升的(见图 2.3)。有关其他作家和作品的译介论述主要见于期刊论文，包括阿来、余华、残雪、王安忆等，数量也不太多。

第二类放眼若干相关联的案例或一组群像，注重研究对象之间的比

① 该排名已剔除“中国当代文学”“文学翻译”“文学作品”“中国现当代文学”等适用于所有文献的主题词。

② 检索时间为 2021 年 11 月 14 日。

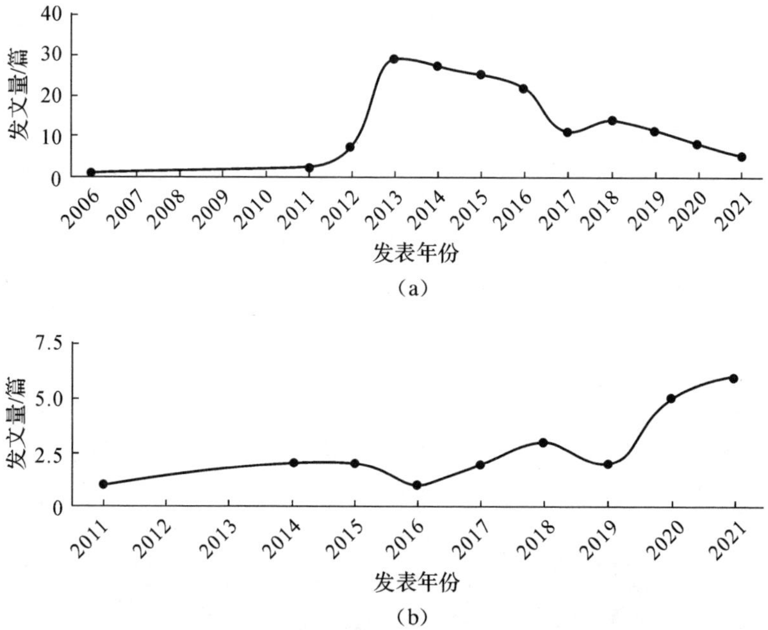

图 2.3　中国知网上以"莫言"(a)和"贾平凹"(b)
为关键词的译介研究期刊论文数量趋势

较，通过描述和分析彼此之间的相似性或差异性来寻找翻译规律，解释翻译现象，进而得出有关译介接受的普遍性结论。

这些案例之间的关系大多明确和紧密，例如当代女作家作品的英译①、"熊猫丛书"的英译②、京味小说的英译③、澳大利亚对现当代中国文学的翻译④等就属于此类。它们可能同属一个书系、流派、主题、地域或时代，具有较强的共性和紧密的联系，能够以一个剖面来展现中国当代文学英译的整体情况，此类研究类似于稍具规模的个案研究。

① 付文慧. 中国女作家作品英译(1979—2010)研究. 北京：对外经济贸易大学出版社，2015.

② 耿强. 中国文学：新时期的译介与传播——"熊猫丛书"英译中国文学研究. 天津：南开大学出版社，2019.

③ 王颖冲. 京味小说英译研究. 北京：外语教学与研究出版社，2019.

④ 陈吉荣. 翻译建构当代中国形象：澳大利亚现当代中国文学翻译研究. 北京：中国社会科学出版社，2012.

少数研究所选取的案例关系松散，却各具特色。例如卢巧丹的《跨越文化边界：中国现当代小说在英语世界的译介与接受》选取了鲁迅、木心和莫言三位作家为研究对象。这三位看似完全没有联系，鲁迅是现代经典大师，莫言是当代主流作家，木心是旅居国外的名家，但他们都是译介传播的成功案例，只不过以“摆渡”“飞散”和“求同存异”的表现形式实现跨时空的行旅。① 三者作为典型代表，呈现出中国现当代文学译介传播的不同模式。

第三类侧重于翻译历史，分时期对中国文学译介所处的历史背景、文化思潮进行描述。王建开的《中国当代文学作品英译的出版与传播》②分四个时期(1949 年至 1966 年；1966 年至 1976 年；1977 年至 1999 年；2000 年至 2019 年)对中国出版的中国当代文学作品英译本进行了历时梳理。具体时间节点的划分主要基于重大历史政治事件，也有根据翻译趋势的变化进行自然切分。各个时期的政治氛围、社会背景和行业规范有阶段性特色，直接或间接关系到译者和出版者的译介目的、工作环境、翻译心态、翻译策略等，进而影响到译作在海外的流通、接受与评价，并反过来为之后的译介出版活动提供经验和参考。马士奎、倪秀华的《塑造自我文化形象：中国对外文学翻译研究》③叙述了晚清、民国时期和中华人民共和国成立后的 30 年中对外文学翻译的情况，分时段对翻译环境、翻译选材、翻译策略和翻译接受进行描述。当然，该书的着眼点是文学翻译、国家话语体系与国家形象自我建构的关系，因此只涉及中国人(包括旅居海外的中文母语译者)主动对外译介(outward translation；inverse translation)的文学作品，而不包括国外译者翻译的部分。

目前，像上述两部论著一样时间跨度较大的研究还很少，论文则一般

① 卢巧丹. 跨越文化边界：中国现当代小说在英语世界的译介与接受. 杭州：浙江大学出版社，2018.

② 王建开. 中国当代文学作品英译的出版与传播. 上海：复旦大学出版社，2020.

③ 马士奎，倪秀华. 塑造自我文化形象：中国对外文学翻译研究. 北京：中国人民大学出版社，2017.

追溯某一个具体时期内的译介活动，例如从社会政治语境建构的角度出发描写“十七年”的文学英译[①]，或以“文革”后中国大陆小说的英译为对象，分析了多部英译小说集，阐释社会政治环境和新的文学思潮如何左右英译出版的选材，讨论了翻译中的意识形态、译者权力和女性主义因素。[②]但这些文章所描述的时段相对较短，不便于我们对中国当代文学的域外传播做比较研究和全景式的考察。

第四类是对中国文学域外传播的综合研究，体现出中国文学和海外汉学领域内的学者对翻译传播问题的极大兴趣。刘江凯的《认同与“延异”：中国当代文学的海外接受》[③]由作者 2011 年的同名博士论文发展而成，包含中国当代小说、诗歌和戏剧的代表性译作探讨，涉及译本、海外期刊、海外研究等多个方面。作者试图点面结合，在考察海外传播个案时除了着重探讨莫言和余华两位外，还以抽样统计的方式兼及对王蒙、莫言、苏童、余华、阎连科、李锐、王安忆、贾平凹、韩少功、铁凝、毕飞宇、卫慧这 12 位作家的海外接受概述。全书颇显雄心，试图在史料整理、案例分析和理论探索方面都有所作为，可惜所谈问题过多，结构方面也显杂乱，以点带面时有些力不从心。例如作者搜集的基本资料包含了三种文类，但个案研究中却全部是小说家。总的来说，著作在宏观与微观结合、资料性和学术性结合等方面都尚存不足。杨四平的《跨文化的对话与想象：现代中国文学海外传播与接受》[④]虽以“现代”命名，但书中所含的例子也包括不少当代作家，如莫言、王蒙、残雪等。不过研究涉及的文学海外传播地区不仅仅是英语世界，而泛至日本、俄罗斯等地。作者的重心在于编写文学行旅的谱系，即文学作品海外传播中所承载的中国形象的变迁，但基本不

---

① 倪秀华. 建国十七年外文出版社英译中国文学作品考察. 中国翻译，2012(5)：25-30.

② Chan, R. Politics of Translation. Doctoral Dissertation. Oxford: Oxford University, 2003.

③ 刘江凯. 认同与“延异”：中国当代文学的海外接受. 北京：北京大学出版社，2012.

④ 杨四平. 跨文化的对话与想象：现代中国文学海外传播与接受. 上海：东方出版中心，2014.

探讨具体的翻译出版问题，这也体现出中国文学、世界文学和海外汉学界与翻译研究界不同的关注点。

第五类是有关文学"中译外"的"研究之研究"，主要是梳理领域内的研究脉络，提供选题和研究建议。例如，王颖冲的《中文小说英译研究》[①]以现当代文学的英译研究为主要素材，爬梳了作家和作品研究、译者研究、译介过程研究以及传播与接受研究等各个方面的概况。作者基于原始文献和统计数据，绘制了一幅文学"中译外"研究的学术地图，史论结合、有述有评地对众多研究对象、方法、成果和空缺进行了呈现与阐释。这类论著定位为"研究之研究"，重点不在于对译介出版一手情况的描述和规律性探索。

虽然有关中国当代文学英译的研究已经有了上述的成果，不过相比中国古典文学和现代文学的译介传播，还有广阔的研究空间。实际上，有关中国当代文学英译的史料编纂、出版流通数据采集、译者和出版人自述档案的整理都有待完善。而中国当代小说英译出版在 21 世纪又萌发出不少值得探究的新的翻译现象，例如包括科幻、武侠、悬疑、网络小说在内的通俗文学成为海外传播的重要组成部分。尤其是近 10 年来，《三体》《射雕英雄传》《盗墓笔记》等系列作品深受西方大众读者的欢迎，出版和重印的速度都很快。翻译出版的新现象和新趋势都是现有论著中鲜有涉及的，而"当代"的概念也在历史演进和文化传播中被不断赋予新的诠释和表现形式，这些都召唤我们再次梳理中国当代文学的英译出版的脉络。

第二节　本书的研究范围与调研方法

本书是有关当代中文小说英译出版的综合性调查研究，从翻译史的宏观视角出发，基于大量译介出版事实和数据，抓住多个典型案例深入分析。之所以选择小说为中国当代文学英译的文类代表，是因为相比于其

---

① 王颖冲．中文小说英译研究．北京：外语教学与研究出版社，2018．

他文学体裁，它与现实社会的联系最为紧密。小说创作取材于生活，一般具备较为丰富多样的人物形象、较为完整的布局和较为明确的情节发展，一定程度上反映现实社会。也正因如此，一些国外学者和读者会通过小说来了解中国人、中国社会和中国文化，或是把小说中虚构想象和艺术加工的部分看作对某一段现实的投射或影射。

翻译活动对文本进行了第二次投射，在进入目标语社会时为读者塑造出新的图像。翻译的过程不仅涉及语言代码的转换，在内容和情感方面也会发生变化，即使译者主观意愿上竭力忠实于原作，译文也不可能是完全镜像式的反映结构。对小说翻译史的研究，相当于是在一个虚拟却仿真的维度里，跨语言跨文化地去回溯源语文化的一段历史。研究中国当代小说的英译出版情况，能够帮助我们了解中外译者和读者对中国文学、文化及社会的认识与态度。

"小说"在本书中的工作定义(working definiton)，是含有虚构性质的叙事文体，与目标语英文中的"fiction"相对应，不包括纪实性质的传记(如梁星的《刘胡兰小传》)、回忆录(如萧乾的《未带地图的旅人》)、报告文学、采访手记等。①

本书所涉的"当代"，指的是 1949 年中华人民共和国成立后至今。只要是创作于这一时间段，不论作者的国籍和常居地是什么，都在本研究的统计范围之内。这类作品也许被称为"当代中文小说"更为确切，但考虑到行文的一致性，本书中皆称为"中国当代小说"。对于创作生涯横跨现代和当代两个时期的作家，如果其某部小说的原文出版于 1949 年以后则纳入考察，反之则不计入。

本书搜集的英译出版书目和数据包括了大陆、香港、台湾，以及海外的中文小说。便利的交通、频繁的文化交流提高了作家的流动性，单纯以

① 一些传记体小说，如作者或评论界一般认为具有很强的虚构成分，则更接近于英文中的"(auto)biographical fiction"而非"(auto)biography"，这样的作品纳入统计范围，如高玉宝的《高玉宝》；另一些小说虽有着自传或回忆录的形式，但内容却是虚构的，也统计在内，如莫言的《变》。

国籍或地理位置来确定“中国小说”愈发困难，也欠严谨，包括程乃珊、郭晓橹、虹影、聂华苓、严歌苓等在内的当代作家都经历过迁徙或国籍变更。其作品都是用中文创作的，但翻译成英文后其海外接受情况具有一定的地域特征。把这些作品并置在一起，可以让不同地区小说的译介活动在同一个时间跨度内各自前行又互为参照，以便对比分析和阐释。

本书中所统计的“英译出版”，指的是以书籍形式出版的英译本，包括长篇和中篇单行本、中短篇小说集和以小说为主的文集(以下简称“小说集”)。未收录期刊的散篇，主要出于两点考虑：第一，单篇的分量与书籍不同，不可等量齐观；第二，许多最初发表在杂志上的短篇小说陆续被收录进小说集，相当于间接进入了我们的考察范围。出版地不限于英语国家和地区，相当一部分译作由中国内地的出版社推出，通过海外发行公司等渠道进入英语社会图书市场，是一股不可忽视的译介力量。当然，数字时代的电子出版给中国当代小说的英译带来了新的出版渠道，在技术层面上实现了无纸化、边走边读、全球同步阅读，这在未来将是不可忽视的一类。亚马逊的 Kindle 电子书有的与纸质版相辅相成，也有的暂时只有电子版，例如一些篇幅不足以单独印刷出版的短篇小说。日后若要再出纸质版，可以通过亚马逊的在线自助出版平台 CreateSpace Independent Publishing Platform 自行出版、按需印刷(print-on-demand)。[①] 同理，网络小说翻译也是近年来的新趋势，它不依托于 Kindle 电子阅读器等移动终端，而直接以论坛连载等形式在网页呈现，“武侠世界”(https://www.wuxiaworld.com/)就是一个典型的例子。它是由网友于 2014 年年底自发建立的一个网站，把武侠、玄幻小说翻译成英文，不仅推动中国当代流行小说“走出去”，也开拓了市场，扭转了网络文学和网络媒体的整体舆论环境。今后此类电子出版达到一定规模后，可以再单独统计。

英译书目是本书的附录(附录Ⅰ与附录Ⅱ)，却是成书的第一步。在编纂文学中译外书目时，各种译本和译文都自然构成一手文献，是历史实

① 王颖冲.中文小说英译研究.北京：外语教学与研究出版社，2018：156.

存,也是研究对象本身。二手文献是人们搜集、整理、利用一手史料,加以编纂、诠释和再创造的文献,例如前人已经编纂的书目,网络图书馆的馆藏,专著和论文及其相关附录,书评译评,作家、译者、编辑等参与者的访谈与回忆录,出版社的大事记等。有的译介书目还包括了译本在国外的评论和研究情况,例如《中国当代小说英译及评论书目(1945—1992)》(*Bibliography of English Translation and Critiques of Contemporary Chinese Fiction, 1945—1992*)专门设了图书评论的栏目;《中国现代文学目录(1918—1942)》(*A Bibliography of Studies and Translations of Modern Chinese Literature, 1918—1942*)一书专门搜集研究类的资料。① 在编纂评论文献的书目时,书评译评、专著论文等就成了一手资料。

善用现有书目等二手资料可以为研究者节省很多时间精力。有的译本由于年代久远,其相关文献不易获取;有的时期出版量大,合作出版的模式多样,穷尽式搜集有一定难度,综合不同二手书目查证比较是较为高效的方式。有的二手文献还可以提供新的启示,比如某本著作里提到一个此前不为人知的译本,那就可以再去专门搜索查验。

但是,一手资料绝对是英译出版书目编纂不可或缺的资源。由于主观和客观的原因,二手文献的缺漏和讹误比较严重,所以后人需要不断完善确证。比如有的书名可能记录得不确切,或者译者信息缺漏,这些又需要依靠一手资料。纸质译本一般是最可靠的,如果实在没有的话,影印本也能起到相当的效果。②

本书综合利用笔者搜集的一手文献和二手文献,数据来源主要有

---

① Louie, K. *Bibliography of English Translation and Critiques of Contemporary Chinese Fiction, 1945—1992*. Taipei: Center for Chinese Studies, 1993; Gibbs, D.A., Li, Y.C. & Rand, C.C. *A Bibliography of Studies and Translations of Modern Chinese Literature, 1918—1942*. Cambridge, Mass; London: Harvard University Press, 1975.

② 参见笔者在外语学术科研网(http://iresearch.unipus.cn/)第 56 期我来读文献《中文小说英译研究》第一阶段线上论坛答疑.(2019-04-17)[2020-01-26]. http://www.sohu.com/a/308589608_161093.

以下几类。

(一)现有的中国文学出版、英译和研究书目

1. Bolling, T. & Tam, M. *The Foreign Languages Press, Its Translations of Modern Chinese Literature into English*. Seattle: University of Washington, 1972.

2. Tsai, M. *Contemporary Chinese Novels and Short Stories, 1949—1974: An Annotated Bibliography*. Cambridge, MA; London: Harvard University Press, 1979.

3. Louie, K. *Bibliography of English Translation and Critiques of Contemporary Chinese Fiction, 1945—1992*. Taipei: Center for Chinese Studies, 1993.

4. Hsu, Y. *A Bibliography of Hong Kong Literature in Foreign Languages*. Hong Kong: The Centre for Humanities Research, Lingnan University, 2011.

5. 胡志挥. 中国文学作品名英译索引汇编. 北京: 外文出版社, 2011.

第1部为《外文出版社及其中国现代文学英译》(*The Foreign Languages Press, Its Translations of Modern Chinese Literature into English*),针对的是外文出版社翻译的中国现当代文学作品,按作者音序排列,有成书出版的单行本、小说集,也有《中国文学》杂志里的短篇和节选。编者参考了1968年耶鲁大学远东出版社(Far Eastern Publications, Yale University)的《中国小说:中英文书目及论文》(*Chinese Fiction: A Bibliography of Books and Articles in Chinese and English*)和历年的《亚洲研究文献目录》(*Bibliography of Asian Studies*),但没有收录原作篇名和译者姓名。[①] 而这类信息对于未成书的单篇译文来说不易考察,内容缺失影响了该书目的参考价值。

---

① 王颖冲.中文小说英译研究.北京:外语教学与研究出版社,2019: 14.

第 2 部是蔡梅曦(Meishi Tsai)主编的《当代中国长篇和短篇小说(1949—1974):注释本文献目录》(*Contemporary Chinese Novels and Short Stories, 1949—1974: An Annotated Bibliography*)。但该书不是英译书目,只是在这一时期出版的中国长、短篇小说书目,因此可以反向查证其中哪些作品被翻译成了英文。编者检索了伯克利和胡佛研究所的中国研究中心图书馆,对照核查了华盛顿的"中国研究资料中心"(Center for Chinese Research Materials)重印的中国《全国新书目》、东京的亚洲经济事务研究所(Institute of Asian Economic Affairs)出版的《现代中国文学联合目录》(*Union Catalogue of Chinese Literature on Modern China*),之后又补充了哈佛燕京图书馆和美国国会图书馆的馆藏。① 该出版书目的特点是对作家和原作题目标识出中文原名,而且部分作品还配有非常精要的梗概,符合该书作为"注释本文献目录"(annotated bibliography)的定位。

以上两部书目除了规模有限外,对于翻译研究者来说最大的问题在于它们本来就是为中国文学和汉学研究服务的。用它们很容易检索某位作家的某部小说,译者是谁则不那么重要,也不太讲究译者的标识和原作所使用的语言,且常有出版时间的讹误和译者姓名的缺漏。

第 3 部为《中国当代小说英译及评论书目(1945—1992)》(*Bibliography of English Translation and Critiques of Contemporary Chinese Fiction, 1945—1992*),它将综合类文集和单行本单独编排,并另设英文评论的书目。本书包括了港台地区当代小说的英译,这是其他书目所不具备的优势,而且将条目按照内地、台湾和香港地区分开列目,方便按地域进行查找。该书发展自论文集《在事实与虚构之间》的附录②,是时间跨度较大的一部书目,且给出了译者信息、作者和原作标题的中文

① Tsai, M. *Contemporary Chinese Novels and Short Stories, 1949—1974: An Annotated Bibliography*. Cambridge, MA; London: Harvard University Press, 1979: xi.

② Louie, K. *Between Fact and Fiction*. Sydney: Wild Peony, 1989.

名，参考价值比较大，但是遗漏的译本也有不少，需要多方参照互相补充。

第4部为《香港文学外译书目》(*A Bibliography of Hong Kong Literature in Foreign Languages*)，针对香港的文学作品外译和评论，是专门的外译书目，涉及英语、日语、韩语、阿拉伯语、法语、德语、荷兰语、挪威语、意大利语、西班牙语、斯洛文尼亚语、斯洛伐克语、罗马尼亚语、南斯拉夫语和希腊语的译介出版情况，但主要是英译书目，英译书目占全书篇幅的近二分之一。该书地域性明确，对于其他综合性译介书目来说是有力的补充。香港地区的历史背景和双语传统让它成了中国文学的主要英译出版地之一，而香港文学的"走出去"也起步较早，不仅有香港本土自主译介的，也有国外译介出版的，还有网络出版的，这些在该书目中都有收录。由于包含多种文类，每个条目下都用括号标注出小说、散文、诗歌、戏剧等，方便读者和研究者查询。

第5部为《中国文学作品名英译索引汇编》，由外文局前专家译者基于其工作几十年来搜集的材料编纂完成。编者的初衷是"及早出版一套针对汉译英领域所紧缺的编译工具书"，减少讹误和重复劳动，提高翻译质量，提升国家形象。① 该索引汇编包括了中国出版的文学作品英译名，还包括了部分海外出版社出版的作品，其按文类将条目分为小说、诗词、散文、报告文学、传记文学、儿童文学、特写、游记、杂文、寓言、民间故事、戏剧、曲艺、歌谣和歌曲、连环画、港澳台地区作家及海外作家的各类作品共16类，其中小说等几个大类再按年代分为古代、现代、当代等。该书虽然出版于2011年，但收录的小说书目几乎没有20世纪90年代以后的。索引里当代小说的条目总共只有50页，还混入了部分现代小说，这使人很难看清译介出版的动态，因为更多的当代小说其实是在近二三十年内问世的。不过因工作性质之便，编者对于中国大陆出版和发表的译本、译文收集比较全面，这方面的资料具有较强参考价值。

(二)相关专著或论文的附录部分

这类文献在文类、时间跨度上与本研究部分重合，因此可以作为二手资

---

① 胡志挥.中国文学作品名英译索引汇编.北京：外文出版社，2011：序言 vii-viii.

料来参考。例如:雷金庆统计过 1978 年后中国大陆小说出版及评论①;王颖冲统计过中文小说在 20 世纪的英译出版情况②,这些都是颇具规模的书目统计。此外,针对 1949 年至 1966 年的中国文学③、“熊猫丛书”④和 1978 年后中国大陆的小说英译情况⑤,也有博士论文分别列出了专门书目。

(三)图书馆和研究机构发布的网上书目和数据库

包括联合国教科文组织译文索引(L'Index Translationum de l'UNESCO, http://www.unesco.org/xtrans/)、美国俄亥俄州立大学东亚语言文学系的“现代中国文学和文化资源中心”(MCLC Resource Center Modern Chinese Literature and Culture, http://u.osu.edu/mclc/bibliographies/lit/)、香港中文大学翻译研究中心网站(www.cuhk.edu.hk/rct/renditions/biography/index.html)、纸托邦(Paper Republic: Chinese Literature in Translation, https://paper-republic.org/)等。我们将出版年份设定为 1949 年之后,检索各数据库中符合条件的书目,对现有的各类纸质版书目进行修订和补充。

电子书目不受版面限制,信息容量大,更新便利。数据的电子化也便于数据分类、筛选和统计,但依赖于各平台的公开程度和架构设计。例如,香港中文大学翻译研究中心网站对“译丛”系列出版物⑥的每个单篇都进行了编目,可以按照“作者”(Authors)和“译者”(Translators)两个入口

---

① Louie, K. *Between Fact and Fiction*. Sydney: Wild Peony, 1989: 103-148.

② 王颖冲.透镜下的中国之“像”——中文小说百年英译研究.北京:北京外国语大学博士学位论文,2013.

③ 倪秀华.民族国家建构、意识形态与翻译:建国“十七年”中国文学英译研究(1949—1966).香港:香港浸会大学博士学位论文,2011.

④ 耿强.文学译介与中国文学“走向世界”——“熊猫丛书”英译中国文学研究.上海:上海外国语大学博士学位论文,2010.

⑤ Chan, R. Politics of Translation. Doctoral Dissertation. Oxford: Oxford University, 2003.

⑥ 包括《译丛》杂志(*Renditions: A Chinese-English Translation Magazine*)、“译丛文库”平装系列(Renditions Paperbacks)和“译丛文库”精装系列(Renditions Books)。

分别检索。

联合国教科文组织译文索引可以进行书目查询和分类检索，列出了全球作家、语种、目标语、源语等项目的排行榜（见图 2.4），另外可以选择图 2.4 界面末端的“专家模式”（Expert mode），设定某一种源语（如中文）对应某一目标语（如英语）特定文类（如文学作品）的翻译出版情况，并得出年度数据。

Evolution of translations in a given country
Publishers for a given country
Evolution of publishers for a given country
Evolution in time for each target language
Evolution in time for each original language
"TOP 50" Authors
"TOP 50" Countries
"TOP 50" Target languages
"TOP 50" Original languages
"TOP 10" Authors translated in a given country
"TOP 10" Authors translated for a given original language
"TOP 10" Publishers publishing translations in a given country
"TOP 10" Countries publishing translations from a given original language
"TOP 10" Countries publishing translations to a given target language
"TOP 10" Languages translated to a given target language
"TOP 10" Languages translated in a given country
Expert mode
Bibliographic search

图 2.4 联合国教科文组织译文索引的检索界面

已有一些研究利用该平台对中译外、日译外海外出版，世界翻译出版进行了比较，考察 1949 年以来中译外海外出版在译著数量、出版国家、译著语言、文学翻译方面的发展态势。[①] 但需要指出的是，该库仅包含了 1979 年至 2012 年间的部分翻译出版数据，而 2006 年之后更新就十分缓慢。因此适用于书目查询，但作为数据统计的平台缺乏足够的说服力。

① 许宗瑞. 中译外海外出版对中国文化“走出去”的启示——基于联合国教科文组织“翻译索引”数据库的研究. 上海翻译，2019(3)：61-67.

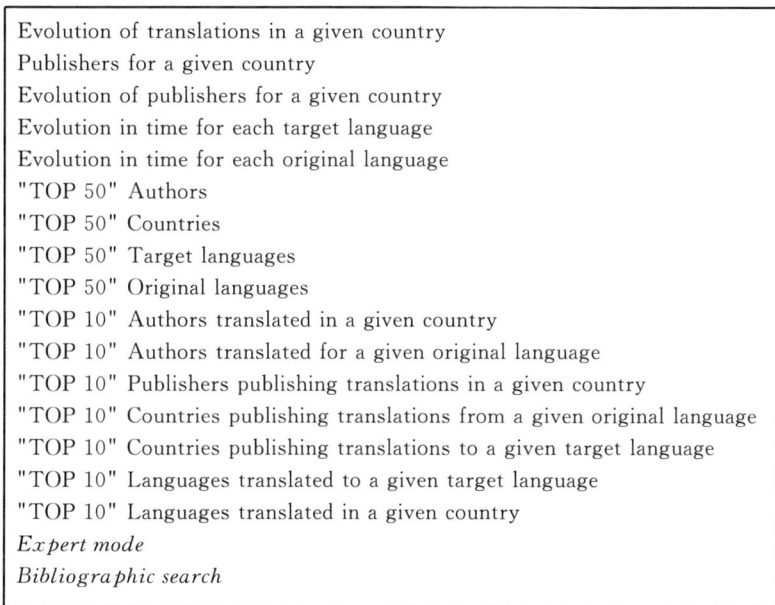

例如，它收录的中国文学英译出版作品的数量明显少于实际数量①，其年度发展趋势也不符合我们多方综合统计的结果（见图 2.5），具有较大的随意性。

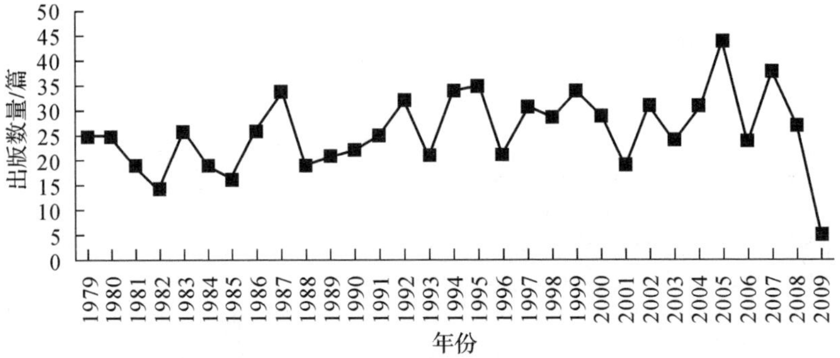

图 2.5 联合国教科文组织译文索引
对中国文学英译的出版数量统计（1979—2009）

"现代中国文学和文化资源中心"的网站是信息量最大、读者检索界面最友好的网站。它除了按作家姓名列出译作，还按主题、地域、风格等分设不同类别，对伤痕文学、朦胧诗、现实主义文学、乡土文学、报告文学、台湾地区的文学、香港地区的文学、中国少数民族文学、女作家作品、先锋文学、回忆录、流行文学、华裔文学和同性文学单独编录。② 其收书范围全面，但不少信息有误，包括一些事实性错误，比如作家"Zhang Jie"的条目下含有 *She Knocked at the Door* 一书，与 *Love Must Not Be Forgotten*; *Leaden Wings*; *Heavy Wings*; *As Long as Nothing Happens*, *Nothing*

① 检索方法为点击"Expert mode"，上方"Criteria"栏"Lines Level 1"选择"Year of publication，display all"，下方"Filter"栏"Original language"设为"Chinese（ZHO）"，"Target language"设为"English（ENG）"，点击"Get Statistics"，得到按年份排列的出版数据。

② 王颖冲．中文小说英译研究．北京：外语教学与研究出版社，2018：15-16.

Will 等列在一起[①],但其实这些小说出自两位同名同姓的女作家。此外,该网站将中文小说的英译本和英语原创小说混在一起,并在首页明确表示"This list also includes texts originally written in English"[②],还包括了一些译自其他语种的作品,比如台湾小说家吴浊流用日语创作的《亚细亚的孤儿》(*Orphan of Asia*)和山飒用法语创作的《围棋少女》(*The Girl Who Played Go*)等。

纸托邦网站最初是由陶建(Eric Abrahamsen)等几位外国译者、文学爱好者自发成立的,致力于发现和推广中国文学英译,尤其是当代作品的英译。如今这一网站已经颇具规模,线上线下活动丰富,包括采编和在线出版短篇作品,发布文学英译出版的资讯,组织译者切磋交流,为其提供所需的资源和教育培训。[③] 近年来网站还建设了自己的数据库[④],收录了数千条书目,注明了中文原名,可按照作家、译者、作品、出版社分类检索。纸托邦所收录的是最新的出版数据,早年的译本收录不全,可与其他数据库互相补充。自2012年起,网站每年年末都会对该年度出版的中国文学英译本进行统计,由翻译家韩斌(Nicky Harman)主持,其他网友也会留言补充书目和相关出版信息。

本书利用上述纸质材料、电子资源及检索工具,整合编纂中国当代小说英译本的出版信息(见附录Ⅰ、附录Ⅱ)。为进一步提高上述资源的准确性,我们通过亚马逊、孔夫子(https://www.kongfz.com/)等购书网站购买图书,借阅中国国家图书馆、香港理工大学图书馆、哈佛大学燕京图

---

① 参见:MCLC Resource Center Modern Chinese Literature and Culture.(2020-01-29)[2020-01-29]. https://u.osu.edu/mclc/bibliographies/lit/translations-aut/y-z/#Z.

② 参见:MCLC Resource Center Modern Chinese Literature and Culture.(2020-01-29)[2020-01-29]. https://u.osu.edu/mclc/bibliographies/lit/translations-aut/.

③ 参见:关于纸托邦. MCLC Resource Center Modern Chinese Literature and Culture.(2020-02-01)[2020-02-01]. https://paper-republic.org/guanyu/.

④ 参见:Paper Republic Translation Database.(2020-02-01)[2020-02-01]. https://paper-republic.org/translations/database/.

书馆的馆藏，以及通过港书网（HKALL）和馆际互借（Interlibrary Loan）获取实体书和影印版，尽可能对照原译本版权页核实。无法获取原书的，则尽可能在中国国家数字图书馆（http://www.nlc.cn/）、联机联合目录数据库（https://www.worldcat.org）上检索出版信息，补充标注缺漏的项目，纠正现有书目的错误（如作者名、译者名、出版时间、出版地等）。对于只出现于某一文献中，但没有任何其他纸质版信息的条目（无纸质版、无馆藏、无译本图片等），则根据“疑本从无”的原则不予收录。只有拓宽英译出版数据的来源，尽可能查证和勘误，才能更好地把握中国当代文学的译介情况和发展动态。在接下来的几章里，我们将沿着时代和地域两条线索，从多维度详细分析中国当代小说英译的对象、主体和过程等。

第三章　中国当代小说英译出版的历时发展

基于前期的图书搜集、书目编排和数据整理，本章将描述中国当代小说英译出版的概况，包括其总体数量与发展趋势等。我们会分阶段呈现不同时代背景下的译介情况，勾勒出英译传播的脉络。这样做有助于全面把握特定时期内翻译活动的基本面貌，以便后续的研究深入微观层面，通过典型案例来挖掘个别译本和译者的翻译特点。

第一节　概况与趋势

纵观近 70 年来的发展，中国当代小说的英译已取得了长足进步，翻译数量稳步增长，译介的模式和渠道日趋多样。这一成果得益于中华人民共和国成立以来国内外政治、经济、社会、文化等大环境的改善，也离不开各类赞助人、广大译者、出版和中介机构的不懈努力。这些译作向英语世界的读者展现了当代中国和中国人的风貌，为世界文学的交流与繁荣贡献了新的力量。

尽管译介数量有所增加，但综观全球翻译图书的出版形势，中国文学"走出去"仍然面临着严峻的挑战。1991 年，中文文献的译出量不足英语文献的 1%，甚至排在古希腊语、拉丁语、匈牙利语、阿拉伯语和日语之后。[①]

---

① Venuti, L. *The Translator's Invisibility: A History of Translation*. London/New York: Routledge, 1995: 14.

到了21世纪,这样的局面并没有实质性的改观。根据联合国教科文组织译文索引2015年的数据,中文的译出频次位居瑞典语、日语、丹麦语、拉丁语、荷兰语、古希腊文、捷克语、波兰语和挪威语之后。[①] 当然,巨大的版权贸易逆差并非中国文学译介的独有特色。总体而言,翻译文学在英语世界的境况都不容乐观,美国每年只有3%的出版物是翻译作品,文学翻译类只占0.7%左右,译自中文的就更少了,而翻译作品的比例在欧洲高达30%—60%。[②] 这几组数据未必面面俱到,但足以让我们警惕文化"入超"现象。

辛广伟曾对1990年至2000年的中国图书版权贸易进行过分析,发现引进与输出的比例变化以1991年为分界线,在此之前二者大致持平,而1992年起引进量开始大大超过输出量,1991年至1996年之间,引进与输出的比例低于4∶1,1996年之后大约为10∶1。[③] 1992年,中国正式加入《世界版权公约》和《伯尔尼公约》,承诺国际版权保护,在引进国外文学、艺术和学术作品时需要购买版权,由此形成了引进与输出比例变化的分界线。自2000年起,国家版权局开始在其官方网站公开发布中国的版权贸易数据[④]。根据该网站的统计,中国的图书版权引进输出比从2000年的11.51∶1缩小到了2018年的1.48∶1,2018年中国外译图书在美国、英国、加拿大三大英语国家的出版量达到了912部、476部和103部[⑤],而2000年时这组数据仅为3部、2部和11部[⑥]。我们根据历年图书版权引进和输出数量情况,可以看到两者在20年里都有大幅度增长,大的趋

---

① 参见联合国教科文组织网站.[2020-01-19]. http://www.unesco.org/xtrans/bsstatexp.aspx? crit1L=3&nTyp=min&topN=50.

② Bernofsky, Susan. The Three Percent Problem. (2011-09-16)[2020-02-01]. http://translationista.com/2011/09/three-percent-problem.html.

③ 辛广伟.1990—2000年十年来中国图书版权贸易状况分析(1).出版经济,2001(1):9.

④ 参见:http://www.ncac.gov.cn/chinacopyright/channels/11449.html.

⑤ 参见:2018年全国输出版权汇总表.(2020-01-14)[2020-02-02]. http://www.ncac.gov.cn/chinacopyright/contents/11942/411496.html.

⑥ 参见:2000年全国图书版权输出情况统计.(2001-04-15)[2020-02-02]. http://www.ncac.gov.cn/chinacopyright/contents/11467/400825.html.

势和增量绝对值基本保持一致，总体来说版权贸易逆差仍然明显(见图 3.1)。种种迹象显示，中国文学的海外行旅还有漫漫长路要走。

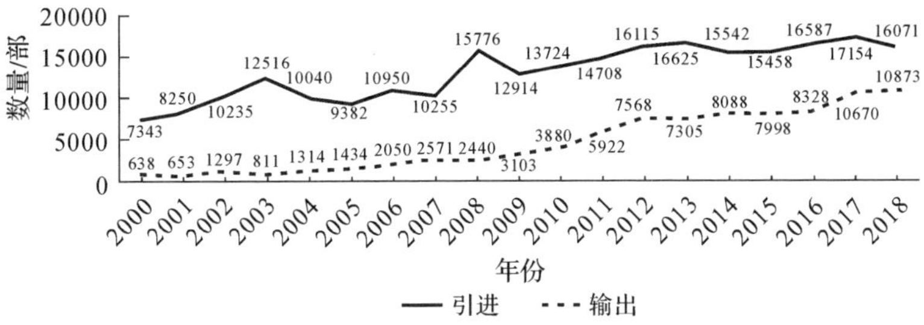

图 3.1　中国图书版权贸易趋势(2000—2018)

在翻译图书的出版中，文学作品只占其中很小的一部分，20 世纪以来，翻译文学在英语文化中总体处于边缘位置，中国文学在全部翻译作品里又只占很小一部分。在 2014 年 8 月举行的“首届南方国际出版论坛”上，著名文学代理人(literary agent)托笔 · 伊迪(Toby Eady)指出，从 1979 年到 2012 年，英语文学作品被翻译成各国语言的次数达到 126 万次，而中文文学作品被翻译的只有 1.4 万本次。① 要正视这一现象，就必须对译介概况有一个全面清晰的认识，这也是本研究的出发点。

根据我们的最新统计，1949 年至 2019 年间，共有 582 部中国当代小说单行本/个人小说集获英译出版；另有 175 部收录多位作家的英译小说集(见图 3.2)。相比同期英文小说译入中文的数量，中国当代文学的译介步伐远远落后。

从图 3.2 的波动趋势可以看出，中国当代小说英译的阶段性明显。我们可以将这 70 年大致分为四个时期：1949 年至 1966 年；1966 年至 1976 年；1977 年至 1999 年；2000 年至今。这与王建开的分期基本一致。仅就数量而言，第二阶段和第三阶段之间的差距最为明显，而在译介内容、译介主体、译介模式和出版渠道等方面，各个阶段都有显著的变化。

---

① 腾讯文化. 麦家：中国文学海外出版无序.(2014-08-21)[2016-01-01]. http://view.inews.qq.com/a/CUL2014082100329701? refer = share_relatednews.

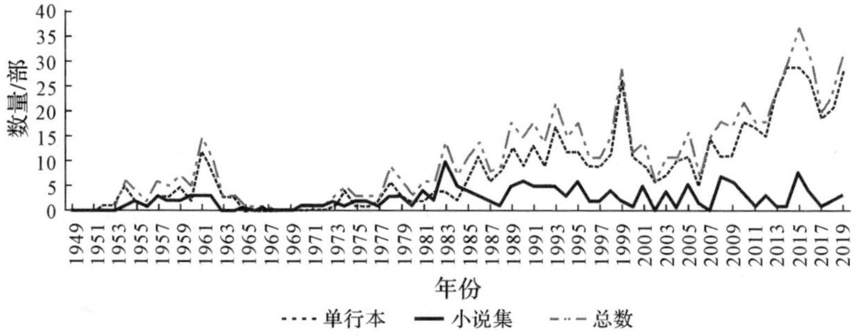

图 3.2 中国当代小说的英译出版趋势(1949—2019)

分期的时间节点与重大历史事件存在密切的联系,例如第一阶段是“十七年文学”诞生和发展的时期。中华人民共和国成立后,经历了短暂的准备期就开始推动当代文学的对外传播,创作和翻译的作品反映出浓厚的政治气息和时代精神,这一时期年均英译出版量约为 4 部。第二个阶段时值“文化大革命”,文学创作和翻译活动受到了较大冲击,年均英译出版量约为 1.7 部,个别年份甚至是空白。第三阶段覆盖了对外开放的重要阶段,政策和限制有所放宽,中国在政治、经济、文化、外交等领域取得了巨大发展,其文艺成果也引发了国际关注,更多的国外出版社参与到中国当代小说英译的工作中,这一时期的年均出版量达到 12.3 部。第四阶段是进一步对外开放的阶段,译介量攀升至新的高峰,年均出版量为 19 部。不过,对外开放的趋势对于文学译介出版来说并不完全起到推动作用。英语世界的人们了解中国的机会和渠道大大增加,文学作品作为一个间接的“窗口”,其部分功能可能被新闻报道、影视作品、跨国旅行等形式替代。此外,现代人的阅读习惯和模式的变化对传统出版业形成了挑战,文学翻译图书自然也包括在内。

但出版数据同时表明,翻译史、文学史的走势并不完全依附于社会变迁和政治沿革,也可能存在预示性或滞后性,因此部分时间节点发生重合。例如,由于我们的研究对象是 1949 年 10 月 1 日之后出版的中文小说,而图书的翻译需要一定时间,其出版会晚于 1949 年这个时间节点,因此 1949 年至 1951 年暂时没有相关译介出版的记录，而 1952 年和 1953 年也仅各有 1 部。在 1965 年，中国当代小说的英译出版在“文革”发生之前已经出现明显的下行端倪，1963 年至 1967 年的年均英译出版量都是 1 部至 3 部，而 1961 年和 1962 年的高峰时期曾分别达到 15 部和 10 部。下面我们针对上述四个时期深入分析中国当代小说英译在这 70 年里的历史发展和阶段性特征。

第二节　当代小说英译出版的兴起(1949—1966)

新中国文学外译发轫于《中国文学》(*Chinese Literature*)杂志的创办。该刊物从 1950 年开始筹划，1951 年 10 月创刊。时任对外文化联络事务局局长洪深提议创办，并得到文化部副部长周扬的支持，编辑部由外文局领导，业务上由中华全国文学工作者协会(简称“文协”，即现在的中国作家协会)领导①。1951 年，国际新闻局开始以“外文出版社”的名义翻译出版外文图书，并于 1952 年改组为外文出版社，实现了对外文化宣传的基本组织架构。

第一部被英译的当代中国小说是袁静、孔厥合著的《新儿女英雄传》(*Daughters and Sons*)，译本于 1952 年出版。小说原作连载于《人民日报》，讲述了抗日战争时期冀中白洋淀地区平凡的中华儿女追求思想进步、投身革命的故事。该书于 1949 年 10 月首次由海燕书店出版，1951 年被改编成同名电影上映。译者沙博理(Sidney Shapiro)初到中国时从朋友那里获知了这部小说并着手翻译，此后就开始在当时的对外文化联络局工作。《新儿女英雄传》的部分译文曾发表于 1951 年 10 月的《中国文学》第一期，完整的译本最早由纽约的自由出版社(Liberty Press)推出。1958 年北京的外文出版社再度出版、1979 年再版，荷兰阿姆斯特丹的弗雷多尼亚出版公司(Fredonia Books)也于 2001 年出版了该译本(见图 3.3)。

---

① 戴延年，陈日浓. 中国外文局五十年大事记(一). 北京：新星出版社，1999：3-19.

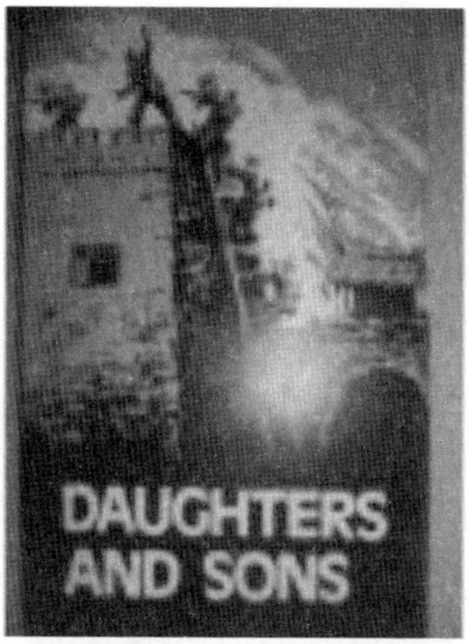

图 3.3　外文出版社(左)和弗雷多尼亚出版社(右)

出版的《新儿女英雄传》英译本封面

1949 年中华人民共和国成立之初,政权和政治形势初步稳定,文化出版和对外交流事业也随之繁荣起来。1951 年《中国文学》杂志创刊,此后的 50 年内共出版 590 期,译介的作品涉及作家和艺术家达 2000 多人次,刊载译作 3200 篇。① 可以说,《中国文学》杂志见证了中国当代文学"走出去"的萌芽与蓬勃。1952 年下半年,刚刚成立的外文出版社便制定了《外文图书的宣传方针》,自我定位为"一个政治、社会、文学、艺术的综合出版社,宣传任务是有系统地向国外读者介绍我国的革命经验、基本情况、现代②(包括'五四'时期)和古代文学艺术作品"③。这是一项有组织、有计划、长期性的工作,次年 3 月该社又制订了《图书编辑部图书编辑工作暂行条例》,规定"图书编辑部的任务,主要是选择中国的优秀作品加以必要的编辑加工,以便译成外国文字出版"④。

在国家的大力支持下,对外翻译事业欣欣向荣。人们希望弘扬本民

① 徐慎贵.《中国文学》对外传播的历史贡献.大众传播,2007(8):46.

② 方针中所说的"现代",其实是我们一般所理解的"现当代",即"五四"以来。

③ 戴延年,陈日浓.中国外文局五十年大事记(一).北京:新星出版社,1999:30-31.

④ 戴延年,陈日浓.中国外文局五十年大事记(一).北京:新星出版社,1999:30-31.

族文化和文学，塑造积极向上的中国形象。《中国文学》一开始不定期出版，1951 年和 1952 年各出版了一期，1953 年出版了两期，都是大 32 开本。1953 年《中国文学》杂志社成立，专门从事文学作品的对外宣传工作，划归外文出版社领导，业务上则由外文出版社和全国文协双重领导。① 1954 年时，杂志改为季刊，运行更加系统化。1958 年时，中国作协②曾经想接管杂志，但最终只是在大政方针和对外宣传口径上对《中国文学》进行指导。③ 1958 年刊物改为双月刊，1959 年改为月刊，译介篇章数量更为可观。《中国文学》创刊初期力推的是当代文学，包括小说、诗歌、散文等，比重超过一半，其中又以小说为主；现代文学次之；而古典文学不到 10%。④ 未来几年中，以当代文学为主要译介对象的原则没有变（见表 3.1）。

表 3.1 《中国文学》创刊初期译介作品的比例

年份	当代作品的比例	古典、"五四"以来作品的比例	文艺评论等的比例
1951—1953	"译介的是现当代文学作品，且当代作品占了总篇幅的 90.5%。"⑤	0、9.5%	未提及
1954	约 60%⑥	不到 10%、10%～20%	未提及

---

① 戴延年，陈日浓. 中国外文局五十年大事记（一）. 北京：新星出版社，1999：38.

② 全国文协于 1953 年 10 月正式更名为中国作家协会。

③ 何琳，赵新宇.《中国文学》（*Chinese Literature*）当事人采访笔录. 文史杂志，2017（1）：93.

④ 统计来源为有关《中国文学》杂志篇目的两部索引：Hinrup, H. H. (ed.). *An Index to "Chinese Literature" 1951—1976*. London/Malmö: Curzon Press, 1978; Gibbs, A. D. (ed.). *Subject and Author Index to Chinese Literature Monthly (1951—1976)*. New Haven: Far Eastern Publications, 1978.

⑤ 郭竞. 建国以来我国文学对外译介的历史考察——以《中国文学》英文版杂志为例. 山西档案，2017(3)：171.

⑥ 何琳，赵新宇.《中国文学》（*Chinese Literature*）当事人采访笔录. 文史杂志，2017（1）：93.

续表

年份	当代作品的比例	古典、“五四”以来作品的比例	文艺评论等的比例
1958	约 50%①	20%～25%	20%～25%
1959	40%～45%②	30%～35%内(“五四”作品略多)	约 20%
1963	31%③	25%、15%	约 25%

同时我们也发现，当代作品在《中国文学》中建议的评介比例有所下降，从最初的急切推介，逐渐过渡到后来的理性布局。最初几年里刊登的几乎全部为当代作品，之后人们意识到，文艺刊物还是有别于宣传品，因此目标语读者喜欢看的古典文学和现代文学作品也应该多刊登。这类作品译介较早，其经典性经过了时间的考验，也积累了一定的受众，可以以此来吸引读者顺便阅读当代文学，做长远规划。杂志的编辑政策风向也反映在图书出版量的变化上，译介量的趋势并不是像想象中的一直增长(见图3.4)。

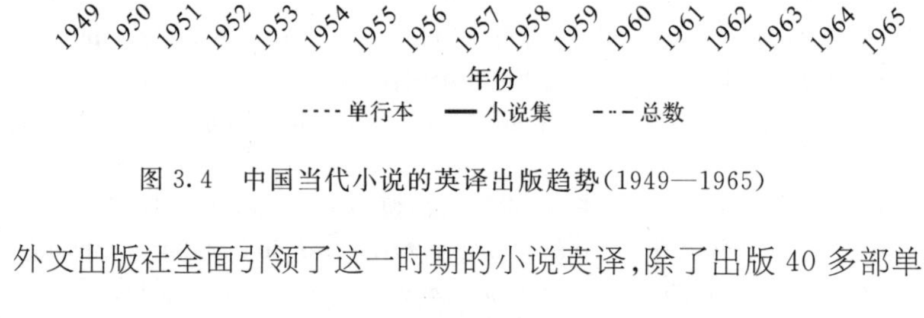

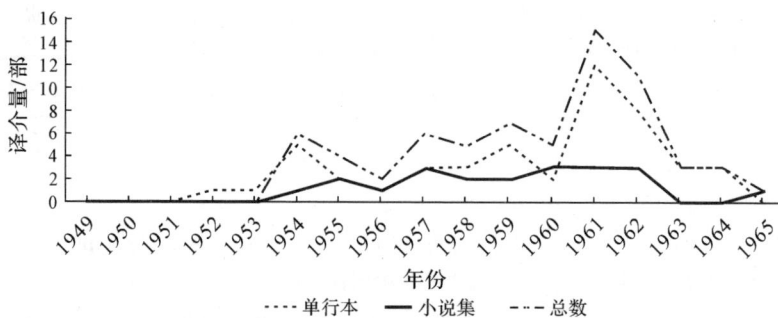

图 3.4　中国当代小说的英译出版趋势(1949—1965)

外文出版社全面引领了这一时期的小说英译，除了出版 40 多部单行

① 戴延年，陈日浓．中国外文局五十年大事记(一)．北京：新星出版社，1999：75．

② 戴延年，陈日浓．中国外文局五十年大事记(一)．北京：新星出版社，1999：93．

③ 戴延年，陈日浓．中国外文局五十年大事记(一)．北京：新星出版社，1999：165．

本,还有 10 余部小说集。最重要的作品基本都被及时译成英语,从原作发表到译文发表或译作出版,前后不过几年。《中国文学》刚起步时虽然主推当代作品,但出刊频率低,外文出版社出版的译本数量也只是缓慢爬升,1959 年改为月刊后储备了大量译文,故译本数量在 60 年代初达到了高峰。此后,由于选材导向的变化,译本数量持续下滑,使得编辑方针会议重新呼吁多译当代作品,避免矫枉过正。

外文出版社将杂志刊载过的中短篇作品辑录成册,同时专门组织人翻译未曾发表过的作品,为优秀文学作品的输出做出了巨大的贡献。这一阶段外文出版社出版的译著中,除了《新儿女英雄传》最初是在美国出版的,其他都是由外文出版社首次英译出版的。外文出版社这一时期译介的主题可以归纳为"忆苦"和"歌颂"。"忆苦"回忆的是中华人民共和国成立之前人民的苦难生活,如《渡荒》(*The Chus Reach Haven*, 1954; 1956,2nd ed.)、《高玉宝的童年》(*Kao's Boyhood*,1954,1956,2nd ed., 1963,3rd ed.)、《我要读书》(*I Wanted to Go to School*,1957,1962,2nd ed.,1964,3rd ed.)、《高玉宝》(*My Childhood*,1960)和《活人塘》(*Living Hell*,1955)等。"歌颂"则赞美了革命热情与斗争精神,如《新儿女英雄传》(*Daughters and Sons*,1952)、《火光在前》(*Flames Ahead*,1954)、《铜墙铁壁》(*Wall of Bronze*,1954,1982,2nd ed.)、《平原烈火》(*The Plains Are Ablaze*,1955)、《暴风骤雨》(*The Hurricane*,1955,1981,2nd ed.)、《三千里江山》(*A Thousand Miles of Lovely Land*,1957,1979,2nd ed.)、《保卫延安》(*Defend Yenan*,1958,1983,2nd ed.)和《铁道游击队》(*The Railway Guerrillas*, 1966)①等。军事和革命题材小说大量外译,多次再版,以最终获得胜利的乐观信念冲淡了战火与血泪,构成一段"痛并快乐着"的历史叙述。除了创作于 1962 年的《红岩》稍晚才有译本问世,"十七年文学"的长篇小说代表作都在这一时期及时英译并付梓。

---

① 其中 1966 年出版的《铁道游击队》英译本计入第一阶段,未计入第二阶段,不属于第二阶段官方外译的选题。

意识形态取向是中文小说英译的重要选材标准之一，但机构译介者仍然希望通过翻译来传达文学理念。陈思和曾这样评价 1949 年以后乡土题材的文学成果：

> 虽然在创作背景上保持了强烈的时代共鸣，内容构思和人物塑造也都含有明显的政治宣传意图，但作家们凭着对农村生活的丰厚经验和美好感情，在文学创作的各个层面上或强或弱地体现出民间文化艺术的魅力，终于使作品保持了动人的创作情感和活泼的艺术魅力。①

作家作为社会中的人，必然有自己的立场和意识形态，但认为受意识形态影响的小说一定就是坏作品，“这种思想方法本身就是非常意识形态的”②。以政治和道德的尺度去抬高或贬低一部作品，都不是理性的批评。20 世纪五六十年代以政治宣传为功用的小说一度盛行，在文学史和英译史上留名的却只有很小一部分，这部分作品能够脱颖而出，恰恰是凭借相对较高的艺术价值。

大陆以外的译介出版情况在数量和主题上都有显著差异。例如，台湾地区英译的作品为乡土情愫所笼罩，只译介了三位本土女作家的短篇集：陈若曦的《招魂：台湾故事五则》(*Spirit Calling: Five Stories of Taiwan*, 1962)、聂华苓的《李环的皮包》(*The Purse and Three Other Stories of Chinese Life*, 1962)和林海音的《绿藻与咸蛋》(*Green Seaweed and Salted Eggs*, 1963)。麦卡锡在《李环的皮包》英译本简介中写道：“她的故事不是战争史诗，也非记述重大的政治和社会变迁。它们只是速写平常人如何面对平常的问题，有时他们败给了生活，但也有时他们

---

① 陈思和. 中国当代文学史教程. 上海：复旦大学出版社，1999：36.

② 王蒙，郜元宝. 王蒙郜元宝对话录. 苏州：苏州大学出版社，2003：130.

至少部分战胜了自我。"[①]陈若曦描写普通台湾人的生活琐事，聂华苓着眼于女性情感世界，林海音对北平的童年生活念兹在兹，三人不约而同地运用了个人化叙事的手法，来抗衡当时主流文坛的宏大叙事。

第三节　当代小说英译出版的低潮(1966—1976)

20 世纪六七十年代，政治环境和意识形态对文学创作、翻译出版等形成了巨大的压力。不仅中国文学外译的数量锐减，对外国文学的翻译也受到明显影响：《世界文学》这样的翻译杂志停刊，《摘译》是"文革"时期为数不多的翻译文学期刊，仅供有关部门和专业单位参考，大众无法读到。收紧的态势在 1966 年之前就有端倪，当代小说的译介量在 1963 年后跌落至平台期(见图 3.4)。因上级对文艺工作的严厉批评，20 世纪 60 年代外文出版社曾进行了外文书刊大检查，对《中国文学》的采编译环节全面把关，由社内自查开始，再由上级审查，选材方面愈加谨慎。[②] 而主题基调符合时代出版要求、文学水准也比较高的作品数量很有限。1964 年，时任党组副书记刘白羽认为，过去为了避免宣传色彩太明显，在主译当代文学之外还翻译了古典和"五四"时期的作品，但此时就不合时宜，因为好作品已经用得差不多了。[③] 时任国务院外办副主任张彦曾明确提到："不要选那些资产阶级人道主义、虚无主义、彷徨、颓废、苦闷的作品。[…] 象闻一多、蒋光慈、肖[萧]红等等的作品可不出。"[④]鲁迅的作品翻译出版起来最稳妥，又无须做出改动，因此尽管他已经是当时译介最充分的作家，《中国文学》还是将他的同一作品在若干期多次刊载，还于 1964 年推出了鲁迅专辑。

---

① McCarthy, R. M. Introduction. In Nie, H. L. *The Purse and Three Other Stories of Chinese Life*. Nieh, H.L. & Hou, C.(trans.). Taipei: Heritage Press, 1962: iii.

② 何琳，赵新宇.《中国文学》(*Chinese Literature*)当事人采访笔录.文史杂志，2017(1)：94.

③ 戴延年，陈日浓.中国外文局五十年大事记(一).北京：新星出版社，1999：192.

④ 戴延年，陈日浓.中国外文局五十年大事记(一).北京：新星出版社，1999：181.

当代小说的英译出版同样面临窘境，虽然出版方针大幅度向 1949 年以后的作品倾斜，但是能够通过审查并顺利发表的译作并不太多。而且，人们对一些之前已经出版并获得肯定的译本也进行了批判，例如：

> “文革”前期，周而复的《上海的早晨》被指“是一株美化资产阶级，宣扬‘阶级调和’，为资本主义复辟作舆论准备的大毒草”后，统战部和作协一些人员也因“拼命吹捧，并向国外推荐，翻译成日文、英文出版，流毒海外”而遭挞伐。①

《上海的早晨》描写的是上海资本主义工商业者经历改造的过程，是具有社会主义进步思想的作品，此时却被捕风捉影地比作“毒草”。原著有四部，但只英译了第一部，后面的三部就没有下文了。

《中国文学》的选题和定稿都由编委会负责，力求反映民主革命和社会主义革命的精神，英文编辑和译者发挥的余地很小。勒菲弗尔认为，翻译的三要素是意识形态（ideology）、赞助人（patronage）和诗学（poetics），其中赞助人包括政党、社会阶层、宫廷、出版社和媒体等。② 虽然三者并列，但赞助人与其他两项不在一个层面：只有它能够具象化，可以是个人，也可以是团体或机构；可以是一方，也可以是多方。赞助人对翻译活动的影响往往通过三种方式来具体实施：提供经济资助、提高译者地位，以及在意识形态方面加以限制。这三方面的作用力可以统一于同一个赞助人身上（undifferentiated），也可以分化于不同的赞助人身上（differentiated）。③ 在 20 世纪六七十年代文学英译的案例中，当时的政府扮演了唯一的、统一的赞助人，通过文艺界的主要领导人来制定编辑方

---

① 马士奎. 中国当代文学翻译研究(1966—1976). 北京：中央民族大学出版社，2007：37.

② Lefevere, A. *Translating Literature: Practice and Theory in a Comparative Literature Context*. New York: Modern Language Association of America, 1992: 13-15.

③ Lefevere, A. *Translation, Rewriting and the Manipulation of Literary Fame*. Shanghai: Shanghai Foreign Language Education Press, 1992: 16-17.

针、指导建议和实施审查，全面干预和决策译介活动。赞助人本来既有政治立场，又有诗学主张，但在特殊时期后者往往只能服从前者。

1965年1月28日，国务院外办发出《讨论〈中国文学〉问题会议纪要》，要求“多选登一些反映当前生活、有一定艺术水平的青年作家的作品”①。但文学创作和翻译都需要时间沉淀，无法单纯依靠作家、译者和机构的主观意志，还需要合适的文学创作景况和条件。20世纪六七十年代，部分中文文学刊物停刊，直到1975年左右才复刊，而审查制度又加大了局限性，稿源匮乏导致当代小说的译介停滞不前，译介量大幅减少。1966年至1976年间，外文出版社总共只出版了10部英译小说和小说集(见表3.2)。

表3.2　外文出版社英译出版的中国当代小说和小说集(1966—1976)②

作者	原作	译作	译者	年份
浩然	《彩霞集》	*Bright Clouds*	未注明	1974
浩然	《树上鸟儿叫》	*The Call of the Fledglings and Other Children's Stories*	未注明	1974
李心田	《闪闪的红星》	*Bright Red Star*	未注明	1974
杨啸	《红雨》	*The Making of a Peasant Doctor*	未注明	1976
小说集			编者	年份
The Seeds and Other Stories			未注明	1972
City Cousin and Other Stories			未注明	1973
The Young Skipper and Other Stories			未注明	1973
The Young Pathbreaker and Other Stories			未注明	1975
Yenan Seeds and Other Stories			未注明	1976

《中国文学》杂志虽然在这10年中基本保持了每月发行的频次，但文学作品稿源不足，只好大幅增加政治色彩浓厚的文艺理论思想文章。文

① 戴延年，陈日浓. 中国外文局五十年大事记(一). 北京：新星出版社，1999：193.

② 1966年出版的《铁道游击队》的英译本计入第一阶段。

艺作品则以“样板戏”为主，其他还有大量毛泽东诗词，当代小说则难觅成功范例。鲁迅几乎是当时唯一仍被广为译介的现代作家，“文革”期间外文出版社出版了他的《阿Q正传》《野草》《朝花夕拾》《故事新编》《狂人日记》《伤逝》等多部作品的英译本。① 但因为此前对鲁迅的英译工作已经比较充分，加之译者人数不够，许多只是再版和重印之前的旧译。六七十年代所译的当代小说都以革命战争和工农业建设为主题，青少年文学也不例外，例如《树上鸟儿叫》《闪闪的红星》《红雨》等。知侠的《铁道游击队》描写了抗日战争时期山东鲁南地区抗日武工队游击战的故事，情节曲折，人物形象鲜明，小说表现的英勇事迹和革命精神也符合当时的译介标准。但该书是中华人民共和国成立初期的作品，1954 年由上海文艺出版社出版，翻译出版时距离创作时间已有相当年头。

当时萧条的中国当代文坛上依然活跃的小说家似乎只有浩然。他 1956 年后成为职业作家，1962 年担任《红旗》的编委，被认为是当时重要的无产阶级作家之一。② 《中国文学》1974 年第 4 期还专文介绍了他，这是大多数著名作家都没有的待遇。③ 除了表 3.2 中的《彩霞集》和《树上鸟儿叫》，浩然的许多中短篇都被译介刊登在《中国文学》。④ 其长篇小说中，《金光大道》的前 9 章发表于《中国文学》1973 年第 1 期，篇名为“The first step”，另有 14 章发表于 1975 年第 9 期和第 10 期，题为 *The Bright Road: A Story of One Village in the Uncertain Days after Land Reforms*。最终全书于 1981 年由外文出版社出版为单行本，题为“The Golden Road”。“文革”之前创作的《艳阳天》也出了节译“The Stockman”，刊登于《中国文学》1972 年第 3 期上。该书还有一个英汉对照

---

① 马士奎. 中国当代文学翻译研究(1966—1976). 北京：中央民族大学出版社，2007：189.

② Tsai, M. *Contemporary Chinese Novels and Short Stories* (1949—1974). Cambridge, MA: Harvard University Press, 1979: 94.

③ Chia, C. Introducing the writer Hao Jan. *Chinese Literature*, 1974(4): 95.

④ 曹霞. 作为“动态经典”与“文学文本”的阐释——浩然作品的海外传播与研究. 当代作家评论，2017(1)：178.

节译本《小石头丢了以后》(*Little Pebble Is Missing*),由香港朝阳出版社(Chao Yang Publishing Co.)1973 年出版,不过这个小册子只有 39 页。浩然的作品主要反映农业合作化和阶级斗争,受到主流意识形态的认可,因而,他成为特殊时期的文学旗手。译介者最关注的并不是作品的艺术性,而是社会性和阶级性。意识形态的同一化也导致了文学作品的单一化。

除了稿源不足,人员问题也构成了 20 世纪六七十年代当代文学翻译出版的不利因素。"文革"期间,"文艺服务于政治"的口号贯穿于翻译出版的全过程。小说英译的选材都经过严格审查,出版量锐减。可是一旦确定了"安全"的选题后,译者则需要以最快速度完稿,因为他们还要翻译大量用于政治宣传的非文学材料。此时的文学翻译更像是一项政治任务,而不是文艺工作。译者基本都是官方出版社的职员,外聘专家也需要严格按照出版社的制度来工作,在编译方面缺乏自主权。编辑工作普遍出现了"照抄、照转最安全"的思想①,因此存在过度直译和死译的现象,文学翻译的创造性、译者的个性和专业性受到影响。

韦努蒂曾用"隐身"(invisibility)来描述当代英美文化中译者的处境和活动。② 但其实"译者的隐身"最直接的印证,恐怕就是字面上的"译者无名",译者地位就更无从谈起,且译者信息严重缺漏,而"文革"之前外文出版社出版的大部分作品还印了译者姓名,几乎都是戴乃迭、沙博理、巴恩斯这样的外国专家(见表 3.2)。"文革"期间,"不少负责专家工作的人不敢与专家接触,怕被控为'里通外国'"③,导致外国专家资源调配不过来。专家们主要负责翻译那些被认为更重要的作品,例如沙博理翻译了《智取威虎山》《红灯记》等样板戏,而当代小说的翻译工作则由社内中国译者集体完成。译者无名,有时是因为小说集由多人合译,封面或扉页上

---

① 戴延年,陈日浓.中国外文局五十年大事记(一).北京:新星出版社,1999:257.

② Venuti, L. *The Translator's Invisibility: A History of Translation*. London & New York: Routledge, 1995: 5.

③ 戴延年,陈日浓.中国外文局五十年大事记(一).北京:新星出版社,1999:257.

没有列出，只在每则的篇末注明；更多的情况下根本就没有标出译者。官方组织的翻译项目计划性强、任务量大，需要在较短时间内完成大量译文，有时不得不采取集体翻译的方式。但社里提供的时间和物资又未必充足，译者的积极性难以调动起来，由于供职于出版社，他们的个人身份被淡化了，连署名也没有。这种做法不但削弱了译者的权利，也无法保证译稿的质量，因为取消个人署名的审稿制度后，粗制滥造的译文就难以问责到个人。

1968 年 12 月，国际书店（即后来的中国国际图书贸易集团有限公司，China International Book Trading Corp.）撤销了除香港外的全部境外机构，召回驻外机构代表。[①] 这原是负责书刊出口、境外经营联络的机构，撤出意味着文学对外传播自行收紧了脚步。与此同时，境外对中国当代小说的译介也停滞不前（见表 3.3）。

表 3.3　境外英译出版的中国当代小说和小说集（1966—1976）

作者	原作	译作	译者	出版社	年份
高玉宝	《我要读书》	*I Want to Study!*	未注明	Hong Kong: Chao Yang Publishing Co.	1973
华严	《智慧的灯》	*Lamp of Wisdom*	Nancy C. Ing	Taipei: The Woman Magazine	1974
施叔青	《那些不毛的日子》	*The Barren Years and Other Short Stories and Plays*	John M. McLellan	San Francisco: Chinese Materials Center	1975
编者	小说集		出版社		年份
Singko Ly; Leon Comber	*An Anthology of Modern Malaysian Chinese Stories*		Singapore; Hong Kong; London: Heinemann Educational Books		1967
Nancy C. Ing	*The Ivory Balls and Other Stories*		Taipei: Meiya Publications		1970
未注明	*A Collection of Contemporary Chinese Short Stories*		Taipei: Dawning Cultural Service Center		1971

① 戴延年，陈日浓. 中国外文局五十年大事记（一）. 北京：新星出版社，1999：247.

续表

编者	小说集	出版社	年份
未注明	*The Muse of China: A Collection of Prose and Short Stories by Contemporary Chinese Women Writers*	Taipei: Chinese Women Writers' Association	1974
Ch'i Pang-yuan	*An Anthology of Contemporary Chinese Literature: Taiwan, 1949—1974. Vol II: Short Stories*	Taipei: Institute for Comparative Literature and Translation	1975
Joseph Lau; Timothy A. Ross	*Chinese Stories from Taiwan 1960—1970*	New York: Columbia UP	1976

1966 年至 1976 年间,美国、新加坡等国,以及我国香港、台湾地区曾零星译介了一些中国当代文学作品,但难掩翻译出版的总体萧条。文化传播的大环境极不理想,文学创作受到诸多限制,许多知名作家遭到迫害或禁声,所以其他国家和地区在翻译中国当代文学时也没有什么选择余地。香港朝阳出版社出版的《我要读书》节选自 1960 年外文出版社的译本《高玉宝》(*My Childhood*),除此之外,其他书目主要译自香港、台湾地区作家,以及马来西亚华人作家的作品。“文革”时期无疑是中国当代小说英译出版的低谷,但正如马士奎所指出的,其翻译活动也需要获得公允的评价。① 那些译作是特定历史时期下意识形态的产物,不宜用今天的文学规范、翻译原则和审美标准来评判,例如译者应该译入自己的母语、译作需要符合目标语社会的需求等。这一时期发生的故事成为日后许多文学作品的素材,同时为 70 年代末的创作和翻译活动蓄积力量和热情,即将迎来当代小说英译出版的繁荣。

---

① 马士奎.中国当代文学翻译研究(1966—1976).北京:中央民族大学出版社,2007:234.

第四节　当代小说英译出版的高潮(1977—1999)

1976 年 10 月“文革”结束,百废待兴,文艺文化活动开始复苏并走向繁荣,文学翻译和出版迈入新的历史阶段。1977 年底,《人民文学》刊登了刘心武的小说《班主任》,次年 8 月卢新华的《伤痕》发表在《文汇报》上,由此掀起了一股“伤痕文学”的热潮,也标志着中国当代文学的复苏。1978 年 12 月,党的十一届三中全会召开,拉开了中国对外开放的序幕,也为中国文学的翻译工作奠定了坚实的政治基础,提供了人员和物资方面的保障。1979 年 7 月,《中国文学》编译委员会提议“加强当代作家和作品的介绍”“发表重要文学艺术作品时,要求附有作者生平介绍”,并“逐步建立一支善于为《中国文学》写稿的队伍”①,这些指导思想为文艺创作定下了“外向型”的基调。

1980 年,邓小平在《目前的形势与任务》中提出,“不继续提文艺不从属于政治这样的口号……这当然不是说文艺可以脱离政治。文艺是不可能脱离政治的”②,重新调整了文学与政治的关系,乐观而谨慎地赋予了文学艺术较大的自由。审查机制对小说内容的宽容度大大提高,一些一度被禁的西方现代派文学和文艺作品也涌入中国,重要的(后)现代主义文学都翻译成了中文,在不同范围内发行。③ 尽管现实主义小说依然是创作和翻译的主流,意识流、荒诞派、超现实主义、魔幻现实主义等流派都脱离了 18、19 世纪批判现实主义的基调,对当代中国大陆的文学创作理念产生了一定的影响。

20 世纪 70 年代末 80 年代初,不仅西方文学思潮迅速涌入,中国的文

① 戴延年,陈日浓.中国外文局五十年大事记(一).北京:新星出版社,1999:353.

② 请参见:https://news.12371.cn/2013/06/26/ARTI1372246738863609.shtml?from=singlemessage.

③ 查明建.意识形态、诗学与文学翻译选择规范——20 世纪 50—80 年代中国的(后)现代主义文学翻译研究.香港:岭南大学博士论文,2003:85-87.

化和文学也积极对外传播。当代小说英译的趋势与文学史的发展脉络暗合,从颓势到这一波英译高潮并没有经历太长的准备期,这得益于前一阶段积累的生活体验,以及被压抑的创作热情和书写欲望。翻译出版行业迅速复苏,译介了一批富有时代特色的文学作品,向英语世界展示了新的历史阶段文学事业的蓬勃发展。这一时期不仅译作数量多,而且具有持续性和稳定性。这 20 多年里,英译出版的当代小说单行本激增至 199 部,小说集 84 部,各年度译介量基本都保持在两位数,远远超过前两个阶段。此外,小说题材和风格更多样,地域辐射更广泛,原著包含了来自内地、香港、台湾地区和海外的作品,对城市和农村的社会风貌也都有所观照。

一、"熊猫丛书"译介出版的历史机遇

20 世纪八九十年代陆续推出的"熊猫丛书"是同期规模最大、成果最丰硕的中国文学英译项目。它的诞生恰逢封闭后突然开放的时代,中国各界积极树立文化形象,展现文坛的"百花齐放"。1981 年,为响应外文局的外宣工作方针,《中国文学》杂志社在出版《中国文学》的同时,开始有计划地发行"熊猫丛书"系列。1986 年 6 月 4 日,外文局报文化部党组建议将《中国文学》杂志社改制①,经新闻出版署同意,1987 年 2 月 6 日中国文学出版社成立。"熊猫丛书"的出版伴随着中国文学出版社的兴衰,历时近 20 年,丛书共计 190 余种,大多数是英译本。选材从古典到现当代的作品都有,其中虚构性的文学作品约占 88%,小说约占 74%②,这里面又以当代作品为主。最初几年,编者将过去三十几年中杂志刊载过的中短篇作品辑录成册③,后来为了扩大规模和影响,开始专门组织人翻译未曾发表过的作品。

---

① 戴延年,陈日浓.中国外文局五十年大事记(二).北京:新星出版社,1999:83.

② 耿强.文学译介与中国文学"走向世界"——"熊猫丛书"英译中国文学研究.上海:上海外国语大学博士论文,2010:50-51.

③ 戴延年,陈日浓.中国外文局五十年大事记(一).北京:新星出版社,1999:83.

“熊猫丛书”中古典小说的比例有所下降，只有杨宪益、戴乃迭译的《聊斋故事选》(*Selected Tales of Liaozhai*, 1981)、《老残游记》(*The Travels of Lao Can*, 1983)、《三部古典小说节选》(*Excerpts from Three Classical Chinese Novels*, 1981)，宋绥荃译的《七侠五义》(*The Seven Heroes and Five Gallants*, 1997)，以及分别由温晋根和马文谦英译的《初刻拍案惊奇》(*Amazing Tales: First Series*, 1998)和《二刻拍案惊奇》(*Amazing Tales: Second Series*, 1998)等。这些作品在接下来的十几年中多次重印，但鲜有新的译本出炉。

现代小说方面，前一阶段被埋没的作家这时纷纷登场。“熊猫丛书”诞生之初就英译了20世纪30年代的几位重要作家，以弥补之前的缺憾，包括沈从文的《边城及其他》(*The Border Town and Other Stories*, 1981)、老舍的《正红旗下》(*Beneath the Red Banner*, 1982)、萧红的《萧红小说选》(*Selected Stories of Xiao Hong*, 1982)等，蕴含了较高的艺术水准。

“熊猫丛书”的译介重心是当代作品。由于中国在思想、政治、经济和文化领域内都发生了巨变，阶级斗争不再是首要的政治纲领，文学艺术的独立发展得到保护，五六十年代描绘革命战争、土地改革的篇目已不占主导。创作的繁荣为英译提供了充足素材，多元发展、注重审美的趋势则扩大了选材面。书刊装帧的变化也折射出不同的时代特色：20世纪50年代创刊的《中国文学》从装帧版式到栏目设置都效仿苏联作家协会的月刊《苏联文学》，当时出版的英译系列也具有共性；80年代诞生的“熊猫丛书”则遵循了另一条路线，为36开的纸皮本，封面印有熊猫的标志，和英国企鹅出版社的平装经典系列很相似。

这一时期，一批刚刚兴盛起来的中篇小说被译成英语，及时反映出“文革”期间与改革开放初期人民的现实处境与感受，包括古华的《芙蓉镇》、张贤亮的《绿化树》、蒋子龙的《赤橙黄绿青蓝紫》、谌容的《人到中年》等。一些具有西方现代派特色的小说陆续英译，如《王蒙小说选》(*Butterfly and Other Stories*, 1983)、刘恒的《伏羲，伏羲》(*The Obsessed*,

1991)和《黑的雪》(*Black Snow*,1991)都借鉴了意识流的写作技巧,虽是现实主义的背景,却大量融合了现代主义的写法,这在80年代前的英译小说中是不多见的。丛书的另一大特点是女性小说的兴起,不仅有新中国成立前的作品,如《萧红小说选》(*Selected Stories of Xiao Hong*,1982)、《丁玲小说选》(*Miss Sophie's Diary and Other Stories*,1985),还先后英译了七部《中国当代女作家作品选》(包括方方和张欣的个人专辑),市场销量和读者反响都很不错。单个作家的文集也英译了不少,包括茹志娟(*Lilies and Other Stories*,1985)、谌容(*At Middle Age*,1987)、张洁(*Love Must Not Be Forgotten*,1987)、王安忆(*Lapse of Time*,1988)、程乃珊(*The Blue House*,1989)、铁凝(*Haystacks*,1990)、霍达(*The Jade King: History of a Chinese Muslim Family*,1992)、陆星儿(*Oh! Blue Bird*,1993)、池莉(*Apart from Love*,1994)、方方(*Contemporary Chinese Women Writers V: Three Novellas by Fang Fang*,1996)、徐小斌(*Dunhuang Dream: A Novel*,1998)和张欣(*Contemporary Chinese Women Writers VI: Four Novellas by Zhang Xin*,1998)。女性的社会地位和受教育的机会大大提高,但她们在新时期面临着许多工作、生活和情感的新问题,这些都成了女作家笔下的常见题材。从谌容的《人到中年》中事业女性周旋于家庭和工作的超负荷运转,到张洁《爱,是不能忘记的》中女性寻求真爱,追问爱情和婚姻的关系,到铁凝的《哦,香雪》里农村少女对现代都市生活的向往等,都给予了对女性命运和心理前所未有的关注。

"熊猫丛书"备受瞩目,反映出改革开放以来中国在文学和文化出版事业的成就。2005年时,程乃珊、池莉、迟子建、方方、冯骥才、霍达、贾平凹、梁晓声、刘恒、刘震云、陆文夫、陆星儿、史铁生、铁凝、王安忆、王蒙、扎西达娃、张承志、张贤亮等人的译本还被重印,说明这套书的选题和翻译质量都经受住了时间的考验。需要指出的是,20世纪八九十年代,中国官方的翻译出版机构不止《中国文学》杂志社一家,还有外文出版社和新世界出版社等。例如,外文出版社在这一时期出版了浩然的《金光大道》

(*The Golden Road*: *A Story of One Village in the Uncertain Days after Land Reforms*, 1981)、孙犁的《风云初记》(*Stormy Years*, 1982)、周而复的《白求恩大夫》(*Doctor Norman Bethune*, 1982)、《王蒙选集》(1、2)(*Selected Works of Wang Meng*, Ⅰ, Ⅱ, 1989)、柯岩的《寻找回来的世界》(*The World Regained*, 1993)和金敬迈的《欧阳海之歌》(*The Song of Ouyang Hai*, 1996)等。几家出版社同为中国外文局的下属机构，译者也经常效力多家，所译小说的选题和风格与"熊猫丛书"相仿。

二、"熊猫丛书"译介出版的制约因素

相比外文出版社 20 世纪五六十年代的译著，"熊猫丛书"最显著的特点在于主题丰富得多，革命战争、英雄人物不再是主流话语，取而代之的是普通人的日常生活。丛书侧重现实主义小说的译介，希望借文学展现当代中国的社会景象，但选材基本要求仍然是"适合对外"，只不过尺度较前一阶段大大放宽。

1979 年 10 月 30 日到 11 月 16 日，中国文学艺术工作者第四次代表大会的召开标志着文艺界的全面解冻。整个 80 年代期间，各种文学理念和流派看似兼容并蓄，文学创作的艺术性和思想性并重，实际上文学与意识形态保持着疏离却暗合的暧昧关系。从"文革"走出来不久的作家们政治敏锐度普遍比较高，对文学的自我审查意识也很强，不合时宜的言论和作品式微。

翻译方面的情况与之类似，有损中国形象的作品很难通过官方机构的译介走向国际市场。1983 年 2 月，外文局在《建国以来外文书刊出版发行事业的十条基本经验》中指出："必须清除以'推动世界革命'为目的的'左'的指导方针所带来的严重后果，坚决贯彻'真实地、丰富多彩地，生动活泼地、尽可能及时地宣传新中国'的指导方针，但也要注意防止忽视政治宣传的倾向。"[①]"熊猫丛书"收放有度，有效地执行了上述出版方针。

---

① 戴延年，陈日浓. 中国外文局五十年大事记(二). 北京：新星出版社，1999：4.

“文革”后中国当代文学的复苏以伤痕文学为伊始，卢新华的《伤痕》和刘心武的《班主任》发表时都引发了巨大的社会反响，但它们在“熊猫丛书”中却没有位置。“熊猫丛书”里主题多样化是有限度的，情感的宣泄也很克制，避免这类小说中压抑的环境和情绪有损国家形象。《中国文学》期刊也于 1984 年由月刊改为季刊，因为尽管当时伤痕文学、寻根文学的作品风靡一时，但符合外译标准的优秀稿件还是不够，只好降低发行频率。①

“熊猫丛书”的许多入选作品仍以其社会功能著称，只是宣传的手段和笔调温和了许多，可读性也有所增强。如耿强所述：“即便是国家外宣机构主持的对外译介项目，它也不全是服务主流意识形态的召唤，纯粹是政治宣传。丛书在可能允许的有限空间内表达着精英知识分子对文学性的诉求。”②例如，蒋子龙的小说《赤橙黄绿青蓝紫》曾获 1982 年全国优秀短篇小说奖，次年就出版了英译小说集《赤橙黄绿青蓝紫》(*All the Colours of the Rainbow*，1983)。《赤橙黄绿青蓝紫》《乔厂长上任记》等工业题材小说在西方不多见，风格也有别于西方的同类小说。③ 蒋子龙根据自己当工人、车间副主任和党总支副书记的经历，讲述工人和干部如何在现代化建设中找到自己的位置，如何在工业改革中走出困境。这一系列中短篇小说刻画了人物在社会主义工业建设中的思想冲突和成长，情节和人物都来自作者的经验，但正如蒋子龙自我评价的：“小说是受到政治觉悟启发而写成的，并没有当作真正的文学作品，写作时也很少注意风格。”④这类作品当时在国内很受欢迎，不过以今天的眼光来审视，艺术性

---

① 何琳，赵新宇.《中国文学》(*Chinese Literature*)当事人采访笔录.文史杂志，2017(1)：95.

② 耿强.文学译介与中国文学“走向世界”——“熊猫丛书”英译中国文学研究.上海：上海外国语大学博士论文，2010：4.

③ Wilson，P. Preface. In Jiang，Z.L. *All the Colours of the Rainbow*. Wang，M. J.（trans.）. Beijing：Foreign Langnages Press，1983：8.

④ Wilson，P. Preface. In Jiang，Z.L. *All the Colours of the Rainbow*. Wang，M. J.（trans.）. Beijing：Foreign Langnages Press，1983：9.

不算很高。全书都是关于现代化建设的内容,人物外貌则按古典小说的套路来写,开篇又将古代说书人的笔调和工业现代化的场景并置,读来不免突兀:"世界之大,无奇不有。没有各式各样的新奇事,还算是一个纷纭复杂的世界吗?请看,在这八十年代第一个春天的早晨,第五钢铁厂门前的景象吧。"①

实际的翻译活动受限于"家丑不可外扬"的原则。② 赞助人在业务上给予指导,如文学对外翻译的重点是什么,主推哪些作家和作品,在翻译时需要注意和避免哪些问题等。官方资助的文学"走出去"有自己的选材底线,是有节制的百花齐放,正如原中国文学出版社编审徐慎贵在接受访谈时所言:"标准就是文学艺术性强,水平比较高,内容又适合对外。也有作品水平比较高,影响比较大,但不能选用。"③即便是获得国内文学大奖、艺术性受到广泛肯定的作品,如果不适合对外传播,仍然不会组织专人进来翻译。这就是为什么当时在国内十分走红的先锋小说并不是通过中国文学出版社译介出去的。

90 年代起,"熊猫丛书"行销不力,出版量大大减少。20 世纪末,《中国文学》的发行量从数万册锐减到约 3000 册,并于 2000 年由季刊改为双月刊和英汉对照版。④ 但这样的变化反而离英语世界的读者渐行渐远。新老换代造成了译者资源青黄不接,杨宪益、戴乃迭、沙博理等老一辈专家陆续退休,导致好作品无人翻译,翻译不好。市场经济步入轨道,政府对文学外译的资助暂停了,改为宏观调控,出版社开始自负盈亏⑤,但翻译

① 蒋子龙.赤橙黄绿青蓝紫.天津:百花文艺出版社,1981:1.

② Lau, J. S. M. More than putting things together. In Eugene, E. & Lin, Y. F. (eds.). *Translating Chinese Literature*. Bloomington: Indiana University Press, 1995: 225.

③ 耿强.文学译介与中国文学"走向世界"——"熊猫丛书"英译中国文学研究.上海:上海外国语大学博士论文,2010:195.

④ 何琳,赵新宇.新中国文学西播前驱——《中国文学》五十年.中华读书报,2003-09-24.

⑤ 周东元,亓文公.中国外文局五十年史料选编(1).北京:新星出版社,1999.

文学在英语文化中本来就是边缘化的，而纯文学的受众本来就很有限，失去经济资助后译介活动步履维艰。2000 年，中国文学出版社被撤销，2001 年《中国文学》停刊，标志着政府资助的文学英译出版活动告一段落。

三、香港地区对中国当代小说的英译出版

20 世纪 70 年代末，港台地区也成为中国当代小说英译出版的一支力量，尤其是香港的译介成果更为突出。香港因历史因素具备中英两种语言环境，拥有一批双语译者和双语读者。1977 年至 1999 年英译出版了 20 部中国当代小说的单行本和 7 部小说集(包含以小说为主的综合性文集)(见表 3.4)。

表 3.4　香港地区英译出版的中国当代小说(1977—1999)

作者	原作	译作	译者	出版社	年份
郭良蕙	《台北的女人》	*Taipei Women*	Constantine Tung	Hong Kong: New Enterprise Company	1983
北岛	《波动》	*Waves: Stories*	Bonnie McDougall, Susette Ternent Cooke	Hong Kong: Chinese UP	1985
陈若曦	《老人》	*The Old Man and Other Stories*	Diane Cornell et al.	Hong Kong: Renditions, Chinese UP	1986
西西	《像我这样的一个女子》	*A Girl Like Me and Other Stories*	Eva Hung et al.	Hong Kong: Renditions, Chinese UP	1986
柏杨	《辞行：柏杨短篇小说选》	*A Farewell: A Collection of Short Stories*	Robert Reynolds	Hong Kong: Joint Publishing Co.	1988
王安忆	《小城之恋》	*Love in a Small Town*	Eva Hung	Hong Kong: Renditions, Chinese UP	1988

续表

作者	原作	译作	译者	出版社	年份
高阳	《高阳小说选译》	*Stories by Gao Yang*: "*Rekindled Love*" *and* "*Purple Jade Hairpin*"	Chan Sin-wai	Hong Kong: Chinese UP	1989
刘心武	《黑墙》	*Black Walls and Other Stories*	Don J. Cohn	Hong Kong: Renditions, Chinese UP	1990
莫言	《爆炸》	*Explosions and Other Stories*	Janice Wickeri, Duncan Hewitt	Hong Kong: Renditions, Chinese UP	1991
王安忆	《荒山之恋》	*Love on a Barren Mountain*	Eva Hung	Hong Kong: Renditions, Chinese UP	1991
张抗抗	《张抗抗后知青小说选》	*Living With Their Past*: *Post-Urban Youth Fiction*	various	Hong Kong: Renditions, Chinese UP	1991
韩少功	《归去来》	*Homecoming? and Other Stories*	Martha Cheung	Hong Kong: Renditions, Chinese UP	1992
林海音	《城南旧事》	*Memories of Peking*: *South Side Stories*	Nancy C. Ing, Chi Pang-yuan	Hong Kong: Chinese UP	1992
金庸	《雪山飞狐》	*Fox Volant of the Snowy Mountain*	Olivia Mok	Hong Kong: Chinese UP	1993
刘索拉	《蓝天碧海》	*Blue Sky Green Sea and Other Stories*	Martha Cheung	Hong Kong: Renditions, Chinese UP	1993
王蒙	《异化》	*Alienation*	Nancy Lin, Tong Qi Lin	Hong Kong: Joint Publishing Co.	1993
西西	《我城》	*My City*: *A Hong Kong Story*	Eva Hung	Hong Kong: Renditions, Chinese UP	1993
刘以鬯	[《蟑螂的一生及其它》]	*The Cockroach and Other Stories*	Florence Ho, Josephine Kung	Hong Kong: Renditions, Chinese UP	1995

续表

作者	原作	译作	译者	出版社	年份
西西	《浮城志异》	*Marvels of a Floating City and Other Stories: An Authorized Collection*	Eva Hung et al.	Hong Kong: Renditions, Chinese UP	1997

编者	小说集	出版社	年份
Lu Hsin-hua; Geremie Barme; Bennett Lee, et al	*The Wounded: New Stories of "the Cultural Revolution" 1977—1978*	Hong Kong: Joint Publishing Co.	1979
W. J. F. Jenner	*Fragrant Weeds: Chinese Short Stories Once Labelled as Poisonous Weeds*	Hong Kong: Joint Publishing Co.	1983
Stephen Soong; John Minford	*Trees on the Mountain: An Anthology of New Chinese Writing*	Hong Kong: Renditions, Chinese UP	1984
Jennifer Anderson; Theresa Munford	*Chinese Women Writers: A Collection of Short Stories by Chinese Women Writers of the 1920s and 30s*	Hong Kong: Joint Publishing Co.	1985
Geremie Barmé; John Minford	*Seeds of Fire: Chinese Voices of Conscience*	Hong Kong: Far Eastern Economic Review	1986
Eva Hung	*Contemporary Women Writers, Hong Kong and Taiwan*	Hong Kong: Renditions, Chinese UP	1990
Eva Hung	*Hong Kong Stories: Old Themese New Voices*	Hong Kong: Renditions, Chinese UP	1999

香港中文大学是当地最大的译介中心，其翻译研究中心长期以来从事英译出版活动，这一时期香港出版的大部分译本都出自中心编纂的“译丛文库”系列①。其编辑团队、稿件来源和目标受众都具有国际性，正如孔

① 包括“译丛文库”平装系列、“译丛文库”精装系列、“译丛文库”英汉对照系列(Renditions Chinese-English Bilingual Edition)等。

慧怡评价《译丛》时所说的："它的读者群不在华人社会，而在英语世界。""这份刊物最大的幸运，是构思于一家有国际视野、又以发扬中国文化为己任的大学，而创刊后又得到在欧洲和北美蓬勃发展的汉学界作为丰厚的稿源。"[①]受英国殖民统治时期(1841 年至 1997 年)和移民历史让香港的社会文化多元共存而特具特色。20 世纪 70 年代时，寻根意识在香港萌发，创作和翻译都达到了新高潮。《译丛》杂志就诞生于这样的时代背景下，1973 年秋由宋淇(Stephen Soong)和高克毅(George Kao)共同创办。随着杂志的成功，后续又诞生了"译丛文库"丛书。其中 1986 年陆续推出的平装系列主打当代小说，装帧轻薄小巧，每一册的篇幅都很短，许多篇目是杂志节选登载过的。该系列常常被国外大学用作中国研究和亚洲研究课程的阅读材料，也吸引了西方的一批普通读者。[②]

"译丛文库"的英译出版数量与同时期的"熊猫丛书"无法比肩，却是对后者的重要补充。第一，文稿来源扩展到了中国内地以外，展现了香港和台湾的文学成就。历史根基、血脉相承、地理毗邻、文化杂糅，各种因素使得部分港台作家对祖国内地怀有复杂而深厚的情感。丛书的编者和译者也显然特别注重身份认同的问题，所选的西西的《我城》和《浮城志异》和小说集《香港和台湾当代女作家作品选》都是这类主题。[③] 而《归去来》等寻根文学同样是在追寻故乡的过程中追寻自我。第二，"译丛文库"里描写的许多现代都市场景都是"熊猫丛书"不曾涉及的，如《都市女性：当代台湾女作家》一册中出现的房地产行业(黄樱，《卖家》)、股市和游行(朱天心，《新党十九日》)等。第三，所选作品淡化了意识形态的内容，更加重视文学技巧的运用和发展，在艺术风格上为英译中国当代小说增添了多样性。正如译丛文库的主要译者之一张佩瑶在访谈中所说：

---

① Hung, E. *The Renditions Experience 1973—2003*. Hong Kong: The Research Centre for Translation, The Chinese University of Hong Kong, 2003: 10.

② Heijins, A. Renditions: 30 years of bringing Chinese literature to English readers. *Translation Review*, 2003(66): 33.

③ 王颖冲.从"译丛文库"特色看译者身份认同.山东外语教学,2015(5):102-104.

80年代出现了以阿城、韩少功等作家为代表的“寻根文学”，我非常喜欢他们的小说。但是译成英文的小说中，没有“寻根文学”，而是政治性很强的小说。当时有些人将大陆一些政治性强的禁书通过翻译的形式介绍到国外去，比如说像戴厚英的《人啊，人！》，翻译成英文在外国很轰动。有人问：这类作品就能代表中国文学？但外国人喜欢，他们喜欢通过这些作品了解中国的情况，但往往又反过来说中国没有好的文学作品。我觉得这些翻译作品不能说明中国文学作品的水平，我想改变这样的状况。①

“熊猫丛书”收录的小说大多数沿袭了现实主义的传统，寻根文学、伤痕文学等20世纪七八十年代涌现的文学类型被认为不适合外译，未能收录其中，“译丛文库”的编纂对此做出了补充。例如，莫言、韩少功、西西等人的作品在创作时受到魔幻现实主义的影响，对中文小说形式的延伸和发展颇具意义。王安忆细腻的女性心理描写、刘索拉的无情节小说、刘以鬯的意识流手法，西西的幻想现实主义，以及大量港台女性作家对现代人思想状态的求索，大大丰富了人物内心活动的描写。

“译丛文库”在选材时比较注重小说的艺术性，而不怎么计较作者和作品的意识形态立场。例如，莫言的短篇《爆炸》(收于 *Explosions and Other Stories*，1991)和台湾女作家李黎的《雪地》(收于 *Contemporary Women Writers: Hong Kong and Taiwan*，1990)都讲到了堕胎和计划生育政策，二者流露出不同的情绪。《爆炸》不反对计划生育，对堕胎的态度却是暧昧的，男主人公强烈要求妻子堕胎不是为了响应上级政策，而是抗争包办婚姻、追求自由和寻回自我的一种象征手段。《雪地》对计划生育和堕胎的态度都有所保留，明显抗拒农村妇女一家通过牺牲女孩以保住腹中第二胎男婴的做法。不过二者立场的差异不妨碍它们各自成为好的小说。这些作品尤其为知青、婚恋、家庭等问题提供了多角度叙述。

① 李佳畅，吕黎. 身份、性别与翻译——张佩瑶教授访谈录. 外国语言文学研究，2008(1)：80-81.

四、海外对中国当代小说的英译出版

改革开放大大促进了中国的经济发展，对外文化交流达到了新的高度，中国的国际影响力有所提高，这些都激发了世界主动了解中国当代社会的渴望。海外读者对当代小说的兴趣有所提高，海外翻译出版的力度也在加强。例如1976年以前，美国英译出版的中国当代小说只有《新儿女英雄传》(1952)、施叔青的《那些不毛的日子》(*The Barren Years and Other Short Stories and Plays*,1975)，以及刘绍铭(Joseph S. M. Lau)主编的《台湾小说选：1960—1970》(*Chinese Stories from Taiwan, 1960—1970*,1976)。但1978年至1999年之间，越来越多的作品在英语世界出版，约占同期出版总量的一半，其中美国是海外译介书目最多的国家。据统计，这一阶段美国共出版了57部中国当代小说英译单行本，另有28部英译小说集。英国次之，出版8部单行本、4部小说集；澳大利亚为2部单行本、3部小说集；加拿大为2部单行本、1部小说集。此外，还有24部单行本和7部小说集在多地联合出版发行，主要是中国、美国和英国的出版机构。

中外出版社合作英译出版是从中国“外推”到西方“引入”的过渡。80年代初，中国对于合作出版的态度尚不明朗。1980年1月15日，外文局在报中宣部的《关于国外翻译出版中文书籍的汇报和建议》(以下简称为《建议》)中指出：

> 国内出版社直接对外，虽可发挥他们的积极性，但也带来一些问题。如：1. 国内出版社难以了解国外出版社的政治背景，恐难以从政治上区别对待；2. 国内出版社不了解目前对外发行工作的不平衡，难以统筹兼顾；3. 国内出版社不能掌握国际书市多变的行情，有可能在经济上吃亏；4. 我国没有参加国际版权组织，如果国内出版社纷纷去找国外出版社洽谈合作出版和抽取版税，将使我处于被动。①

---

① 戴延年，陈日浓. 中国外文局五十年大事记(一). 北京：新星出版社，1999：378.

不过《建议》同时指出了合作出版的合理性,因为"国外翻译出版中国书的工作既不可能,也无必要完全恢复到 50 年代的做法",只是"也不应该任其自由发展,应多而不乱,统而不死。既要发挥各出版社的积极性,又要避免政治上和经济上的损失"。① 这样的指导思想首先是出于意识形态方面的考虑,其次是出自市场和经济方面的原因,主要是不认可"中央和地方出版社直接同外国出版社洽谈翻译出版中国书籍"②,但允许经批准、有组织的翻译出版合作。1980 年 5 月 10 日,美国印第安纳大学出版社就与中国文学出版社签订了长期的合作协议,包括中国文学和其他专题的翻译、出版与发行,以及相关的人员交流。③ 印第安纳大学出版社推出了"中国文学译丛"(Chinese Literature in Translation Series),还影印了外文出版社出版的《中国最佳短篇小说选(1978—1979)》(*Prize Winning Stories from China: 1978—1979*,1981)等现当代小说,并向合作方支付了版税。

除了印第安纳大学出版社的这套丛书,还有 90 年代夏威夷大学出版社出版的"现代中国小说丛书"(Fiction from Modern China)。两者都不是专门的中国当代小说的译作集,其文类跨越小说、诗歌、报告文学、文学研究等,时代跨度上看,包含了古典、现代和当代作品,但当代小说占据了重要的一席之地(见表 3.5)。

表 3.5 美国大学出版社出版的中国当代小说英译丛书(1977—1999)

印第安纳大学出版社"中国文学译丛"(Chinese Literature in Translation Series)				
作者	原作	译作	译者	年份
陈若曦	《尹县长》	*The Execution of Mayor Yin and Other Stories from the "Great Proletarian Cultural Revolution"*	Nancy C. Ing, Howard Goldblatt	1978
黄春明	《溺死一只猫》	*The Drowning of an Old Cat and Other Stories*	Howard Goldblatt	1980

① 戴延年,陈日浓. 中国外文局五十年大事记(一). 北京:新星出版社,1999: 378.
② 戴延年,陈日浓. 中国外文局五十年大事记(一). 北京:新星出版社,1999:378.
③ 戴延年,陈日浓. 中国外文局五十年大事记(一). 北京:新星出版社,1999: 388.

续表

作者	原作	译作	译者	年份
白先勇	《游园惊梦》	*Wandering in the Garden, Waking from a Dream: Tales of Taipei Characters*	Bai Xianyong, Patia Yasin	1982
编者		小说集	出版社	年份
Vivian Ling Hsu		*Born of the Same Roots: Stories of Modern Chinese Women*		1982
Joseph S. M. Lau		*The Unbroken Chain: An Anthology of Taiwan Fiction Since 1926*		1983
Perry Link		*Stubborn Weeds: Popular and Controversial Chinese Literature after the "Cultural Revolution"*		1983

夏威夷大学出版社"现代中国小说丛书"(Fiction from Modern China)

作者	原作	译作	译者	年份
白桦	《远方有个女儿国》	*The Remote Country of Women*	Wu Qingyun, Thomas O. Beebee	1994
王文兴	《家变》	*Family Catastrophe: A Modernist Novel*	Susan Wan Dolling	1980
余华	《往事与刑罚》	*The Past and the Punishments: Eight Stories*	Andrew F. Jones	1996
竹林	《蛇枕头花及江南故事》	*Snake's Pillow and Other Stories*	Richard King	1998

从表3.5中我们可以看出,"中国文学译丛"侧重译介台湾文学,好几位编委都是身在海外的台湾学者。所译作家包括陈若曦、黄春明、白先勇等。还有一部台湾小说集《香火相传:台湾小说选集》(*The Unbroken Chain: An Anthology of Taiwan Fiction Since 1926*),专门介绍1926年后的台湾文学,以当代小说为主,其封面上连环缠绕的中国结图案也突出了这一主题。由于北京的外文出版社和香港中文大学出版社分别主要译介中国内地和香港地区的作品,美国几家大学出版社的英译成果是一个补充。编者比较注重小说的特色,例如先锋派小说对叙事手法和语言形

式进行了大胆尝试，余华、残雪等人的小说英译本相继在海外付梓。收录作品也不一定是名家名作，也会选译竹林的《蛇枕头花及江南故事》这样不算很知名的作品。徐凌志韫主编的《本是同根生》(*Born of the Same Roots*: *Stories of Modern Chinese Women*, 1982)更是选了一些鲜为人知的小说，且特意不收录已有英译的作品。[①]

美国的两套丛书中，不少作品对主流意识形态和价值观形成巨大挑战，其中以"文革"小说最为突出，正如"现代中国小说丛书"的总主编葛浩文在每一册书前所强调的：

> 这个系列旨在通过新的、权威的翻译，来展示当代中国最好的小说家的精彩作品。它呈现了今日中国最大胆、创新的声音，也收录了享誉国际的古典小说。本丛书囊括了几大地区、不同文化和政治背景下的中文小说，打开了通向二十世纪中国的一扇新大门。[②]

王文兴的《家变》质疑中国传统的父权家长制，"父慈子孝"的家庭秩序遭到颠覆，发表时曾在台湾引起轰动。1988 年辽宁大学出版社出版了此书，但由于异常的伦理观和文风而遭冷遇，也有人将其解读为资本主义社会中青少年道德的沉沦。[③] 其实在中国现代文学史上，"出走"主题的小说也有原型，巴金的"激流三部曲"中，觉慧和淑英相继出走，觉民成功反抗包办婚姻，这些举动都象征着新旧伦理的势力消长变化。但是《家变》的特别之处在于，最后不是儿子范晔愤然出走，而是父亲承受不住侮辱和虐待悄然离家，留下的母子生活得很好。更为敏感的是，尽管作者在回答李昂的问题时否认小说与历史变迁有关[④]，一些读者和评论家仍然不免产生联想。这种情节设置和诠释角度都让《家变》背离了传统的家族小说，

---

① Hsu, V. Preface. In Hsu, V. (ed.). *Born of the Same Roots*: *Stories of Modern Chinese Women*. Bloomington: Indiana University Pres, 1982: viii.

② 参见："Fiction from Modern China" 丛书各单册扉页。

③ 蔡田明.两岸《家变》讨论之我见.小说评论，1991(5)：79.

④ 蔡田明.两岸《家变》讨论之我见.小说评论，1991(5)：80.

发人深省亦惹人非议。有的小说的中文原版曾因争议太大被删节，而英译却专门补全这些部分。

有的译本还直接对峙源语社会的主流意识形态。例如，竹林的《蛇枕头花》发表时，《上海文学》的编辑认为一些段落对国家政策的批判过于激烈，删去了一些内容，这部分在英译本中被保留。① 《顽强的野草》收录了九则当代小说，大多是 1979 到 1980 年间发表的富有争议性的作品，因为编者认为这一时期意识形态对文学的控制略有放松，作家能够较为坦诚地揭露社会和历史中一些深远而复杂的问题。② 这部文集中的"伤痕"小说刻意渲染悲惨，并以历史现实质询了"恶有恶报"的传统善恶观。

英语世界主动译介中国小说，是改革开放后中外交流的重要成果，这种方式能够更好地走入目标语国家的图书市场，为中国文学在海外的有效传播打开了渠道。但值得注意的是，海外出版社选篇时明显存在倾向性，这些"最大胆、创新的声音"主要是指政治和意识形态上的，也有社会文化方面的，然后才是艺术风格上的。这样的选材标准与叙述模式只能呈现源语社会的一个切面。

第五节　新世纪当代小说英译出版的新发展(2000—2019)

20 世纪八九十年代的创作繁荣为小说英译提供了充足的素材，主题多元、注重审美的趋势扩大了选材范围，也为其在英语国家的传播拓宽了渠道和视野。这期间共出版了 324 部单行本和 59 部小说集，年出版量基本在 10 部以上，2012 年以后有较明显的增长(见图 3.5)。

2012 年以后，中国当代小说的英译出版数量取得重要突破，平均年出

---

① King, R. Translator's postscript. In Zhu, L. *Snake's Pillow and Other Stories*. King, Richard (trans.). Honolulu: University of Hawaii Press, 1998: 197.

② Link, P. Introduction. In Link, P. (ed.). *Stubborn Weeds: Popular and Controversial Chinese Literature after the Cultural Revolution*. Bloomington: Indiana University Press, 1885: 24.

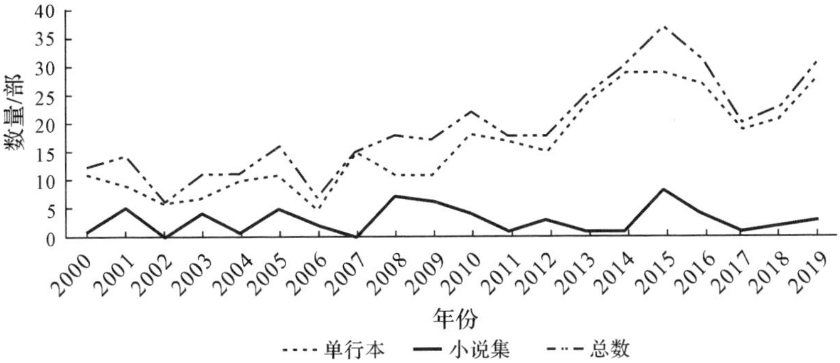

图 3.5　中国当代小说的英译出版趋势(2000—2019)

版量约 27 部,其中有 4 年的出版量在 30 部以上,这是前所未有的成绩,因为即便是在"熊猫丛书"繁荣发展的第三阶段(1977—1999),年均译介量也不过 12 部左右。莫言获奖在国内外掀起了一股"莫言热",也燃起了海内外人士对中国文学的阅读热和研究热。除了数量上的增长,第四阶段的英译出版还有两大特征,第一是从"赠予"到"采撷"的译介流向,第二是出版社的多元化。

一、从"赠予"到"采撷"的译介流向

从上一节我们可以看出,20 世纪最后 10 年里,以美国出版社为首的海外出版社主动翻译中国当代文学的意愿增强,尤其是大学出版社的译介成果突出,几大英译丛书与中国文学出版社的"熊猫丛书"交相辉映。2000 年至 2019 年,当代小说的英译出版蓬勃发展,且整体模式悄然发生了变化,海外出版社的译介力度加大,海外出版占英译出版总数的 85%以上。

20 世纪末,中国当代小说英译出版的数量也曾达到一个小高峰,1999 年时出版了 27 部单行本和 2 部小说集,超过了 21 世纪大多数年份的数量。那主要是由于该年度外文出版社和外语教学与研究出版社联合推出了一套"中国文学宝库——大学生读书计划"(以下简称"中国文学宝库"),其中当代小说就有 21 册。剔除这套丛书,这一年的译介总量并不突出。"中国文学宝库"是一套大型双语书系,分古代、现代和当代三组,

当代系列包括了阿城、艾芜、谌容、邓友梅、冯骥才、高晓声、贾平凹、蒋子龙、林希、刘恒、刘绍棠、刘震云、陆文夫、史铁生、铁凝、汪曾祺、王安忆、王蒙、扎西达娃、张承志和张洁的短篇小说选或中长篇节选。有意思的是，这套双语对照读物主要面向中国读者，希望中国年轻一代借着学外语的热潮多看一些英汉对照的中文小说，更好地了解本民族文化与文学，提高人文素养。丛书每一册都在编者序里阐明："身为向世界译介中国文学和向国内出版外语读物的，具有双重责任的出版社，我们得知目前大学生往往仅注重外语的学习而偏废了母语的提高，以及忽视了中国文学的阅读，放弃了人文知识的训练。"绝大部分"中国文学宝库"的单册已不太容易在市面上购得。2012 年，外语教学与研究出版社推出了"中国故事"系列，再版了其中的部分小说，包括汪曾祺的《受戒》、铁凝的《哦，香雪》、史铁生的《命若琴弦》等。这套读物有望让之前的译本重焕生机，让海外读者以及以中文为母语的人们从轻松的中短篇小说中了解中国。

但文学英译的主要目标应该是"走出去"和"走进去"，而不是服务于本国读者学习英语。21 世纪初，《中国文学》停刊，中国文学出版社也终止了"熊猫文学"丛书。外文出版社后来接手了译介工作，继续陆续推出了几部新译本，包括张雅文的《盖世太保枪口下的中国女人》(*A Chinese Woman at Gestapo Gunpoint*，2003)、迟子建的《原野上的羊群》(*A Flock in the Wilderness*，2005)、陆星儿的《达紫香悄悄地开了》(*The Mountain Flowers Have Bloomed Quietly*，2005)等。不过限于人力物力，新的译作很少，基本是八九十年代的旧作重印，有的改换了标题，如阿成的《空坟》(*Unfilled Graves*)、池莉的《不谈爱情》(*Apart from Love*)、储福金的《裸野》(*The Naked Fields*)、邓友梅的《烟壶》(*Snuff-Bottles and Other Stories*)、冯骥才的《神鞭》(*The Miraculous Pigtail*)、贾平凹的《天狗》(*The Heavenly Hound*)、梁晓声的《这是一片神奇的土地》(*A Land of Wonder and Mystery and Other Writings*)、凌力的《少年天子》(*Son of Heaven*)、刘震云的《一地鸡毛》(*Ground Covered with Chicken Feathers and Other Selected Writings*)、陆文夫的《美食家》(*The Gourmet and*

Other Stories of Modern China)、史铁生的《命若琴弦》(*Strings of Life*)、孙力和余小惠的《都市风流》(*Metropolis*)、铁凝的《麦秸垛》(*Haystacks*)、王安忆的《流逝》(*Lapse of Time*)、王蒙的《蝴蝶》(*Butterfly and Other Stories*)、扎西达娃的《西藏,系在皮绳结上的魂》(*A Soul in Bondage: Stories from Tibet*)、张承志的《黑骏马》(*The Black Steed*)、张洁的《爱,是不能忘记的》(*Love Must Not Be Forgotten*)、张贤亮的《绿化树》(*Mimosa and Other Stories*)等。外文出版社的新系列装帧有所变化,部分书名和选篇也略有不同,例如《一地鸡毛》重印自 1994 年的《官场》(*The Corridors of Power*,《这是一片神奇的土地》重印自 1992 年的《黑纽扣》(*The Black Button*)。相比 21 世纪英译出版的总量来说,中国本土出版的当代小说英译种类和数量较为有限。

进入新世纪,中国在政治和经济方面的大国地位基本确立,世界各国也对其当前的文化发展表现出浓厚兴趣。以美国为首的英语国家放下大国心态,美、英、澳等国积极引进中国当代小说。尽管译介数量无法与英语文学汉译相提并论,但至少在西方中心主义的世界文学版图上为中国文学留下了一席之地。莫言、余华、残雪、阎连科的大部分小说都于这一阶段被翻译成英文,而他们也成为目前最具国际影响力的中国当代作家。中文小说经由翻译传播到世界各地,在更广阔的舞台上崭露头角,例如 2012 年莫言获得诺贝尔文学奖;2015 年刘慈欣凭借《三体》(*The Three Body Problem*)获得雨果奖(Hugo Award),该奖项被誉为科幻艺术界的诺贝尔奖;2016 年曹文轩获得国际安徒生奖(Hans Christian Andersen Award),是儿童文学界的最高奖项之一。同时,一些从事中国文学英译的翻译家近年来也获得嘉奖,国外的翻译出版机构亦开始资助中国文学的英译,例如笔会翻译基金(English PEN's PEN Translates Programme)在 2015 年就资助了三部小说的英译出版,包括阿乙的《下面,我该干些什么》(*A Perfect Crime*)、曹文轩的《青铜葵花》(*Bronze and Sunflower*),以及刁斗的《出处》(*Point of Origin*)。一系列成绩表明中国当代小说得到了西方世界的关注,翻译家的工作得到认可和支持,许多作品的艺术性和价值获得了肯定，文化双向交流取得了实质性进展。

值得一提的是，“熊猫丛书”的谢幕和对外译介机构的调整并不代表中国放缓或放弃了文学“中译外”的举措。相反，中国政府比以往更注重以合作交流的方式来推广自己的文学作品。20 世纪 80 年代时，中国对合作出版欲拒还迎，而 21 世纪中外合作、优势互补的译介出版模式已经应用广泛。合作出版的方式主要包括：1）与海外出版公司商定选题，共同制订编辑计划，合作出版；2）双方商定选题，由中方提供书稿与图片，对方负责出版发行；3）双方共同编撰，分别出版和发行，书稿内容由双方审定，书籍盈亏各自承担。① 中方引导文学“走出去”的方式从之前的自己组织译介，转变为通过国际书展、版权代理等方式联系到海外出版社，再由后者负责开展实际的英译工作②，多由英语母语译者翻译，或采取中外合译的方式。2004 年“中法文化年”成功举办法国图书沙龙后，国务院新闻办公室与新闻出版总署启动了“中国图书对外推广计划”，以翻译资助的形式与英国、美国、澳大利亚等国的出版社签署了出版协议，这也大大助推了中国当代小说在海外的发行和宣传。2006 年，中国作协正式启动“中国当代文学百部精品对外译介工程”，此后社会各界相继推出众多类似的译介项目，为当代中文小说的英译提供了经济支持，也开辟了多元化的渠道。2009 年起，《今日中国文学》（*Chinese Literature Today*）和《路灯》（*Pathlight*）等文学期刊在国家汉办、《人民文学》杂志社等中方机构的支持下创刊，也一定程度上弥补了《中国文学》停刊的遗憾。这些翻译项目由中国发起和赞助，与国外出版机构合作，大多由英语母语译者翻译并直接在英语世界出版，大大缩短了生产与发行的距离。

2005 年 3 月 31 日，新加坡《联合早报》刊登的《世界改变中国，中国改变世界》一文指出：“中国经济发展经历了三个阶段。第一个阶段是对外开放，让世界进入中国；第二个阶段还是对外开放，但中国开始走向世界；

---

① 许力以. 中国出版与海外交流的走向. 出版科学，2002(3)：8.

② 谭光磊. 文学版权输出与经纪人才的培养. 出版广角，2010(9)：19-21.

第三个阶段依然是对外开放,中国已经开始改变世界了。"[①]该论断的提出虽然主要是关于经济社会发展的,但也在中国当代小说英译出版的历程中寻得了例证。

二、出版社属性的多元化

第四阶段的另一大特征是目标读者群体的扩展,这种趋势首先体现在中国当代小说英译出版社群体的变化。很长一段时间内,海外中国文学英译的主要是大学出版社,编者、译者、读者也多是相关领域的学者和学生。例如,哥伦比亚大学出版社在 21 世纪初推出了两套丛书(见表 3.6),都是由学者主持翻译工作的:"维泽赫德亚洲丛书"(Weatherhead Books on Asia)文学类的主编是王德威;"台湾现代华语文学"(Modern Literature from Taiwan)[②]的主编是齐邦媛(Pang-yuan Chi)和马悦然(Goran Malmqvist),由王德威负责协调。

表 3.6 哥伦比亚大学出版社出版的中国文学英译丛书中的当代小说及小说集

"台湾现代华语文学"(Modern Literature from Taiwan)				
作者	原作	译作	译者	年份
王祯和	《玫瑰玫瑰我爱你》	*Rose, Rose, I Love You*	Howard Goldblatt	1998
郑清文	《三脚马》	*The Three-Legged Horse*	Carlos G. Tee et al.	1999
朱天文	《荒人手记》	*Notes of a Desolate Man*	Howard Goldblatt, Sylvia Li-Chun Lin	1999
萧丽红	《千江有水千江月》	*A Thousand Moons on a Thousand Rivers*	Michelle Min-chia Wu	2000
张大春	《野孩子》	*Wild Kids: Two Novels about Growing Up*	Michael Berry	2000
黄春明	《苹果的滋味》	*The Taste of Apples*	Howard Goldblatt	2001

① 司马达. 世界改变中国,中国改变世界. 海外经济评论,2005(15):12-14.

② 其中有 3 本已于 1998—1999 年出版,但仍纳入本阶段进行探讨。

续表

作者	原作	译作	译者	年份
李乔	《寒夜》	*Wintry Night*	Taotao Liu, John Balcolm	2001
李永平	《吉陵春秋》	*Retribution: The Jiling Chronicles*	Howard Goldblatt, Sylvia Li-chun Lin	2003
张系国	《城三部曲》	*The City Trilogy: Five Jade Disks, Defenders of the Dragon City, and Tale of a Feather*	John Balcolm	2003
施叔青	《香港三部曲》	*City of the Queen*	Howard Goldblatt, Sylvia Li-chun Lin	2005
平路	《行道天涯》	*Love and Revolution: A Novel About Song Qingling and Sun Yat-sen*	Nancy Du	2006
张贵兴	《我思念的长眠中的南国公主》	*My South Seas Sleeping Beauty: A Tale of Memory and Longing*	Valerie Jaffe	2007
朱天心	《古都》	*The Old Capital*	Howard Goldblatt	2007
郭松芬	《奔跑的母亲》	*Running Mother and Other Stories*	John Balcolm	2008
黄凡	《零》	*Zero and Other Fictions*	John Balcolm	2011
钟理和	《原乡、故乡》	*From the Old Country*	T. M. McClellan (ed.) (trans.)	2014
李昂	《迷园》	*The Lost Garden: A Novel*	Sylvia Li-chun Lin, Howard Goldblatt	2015
黄锦树	《开往中国的慢船及其他》	*Slow Boat to China and Other Stories*	Carlos Rojas	2016
舞鹤	《余生》	*Remains of Life*	Michael Berry	2017

编者	小说集	年份
Pang-yuan Chi; David Der-wei Wang	*The Last of the Whampoa Breed: Stories of the Chinese Diaspora*	2003
Balcom, John	*Indigenous Writers of Taiwan: An Anthology of Stories, Essays, and Poems*	2005

续表

“维泽赫德亚洲丛书”(Weatherhead Books on Asia)				
叶兆言	《一九三七年的爱情》	*Nanjing, 1937: A Love Story*	Michael Berry	2002
韩少功	《马桥词典》	*A Dictionary of Maqiao*	Julia Lovell	2003
陈染	《私人生活》	*A Private Life*	John Howard-Gibbon	2004
朱文	《我爱美元》	*I Love Dollars and Other Stories of China*	Julia Lovell	2007
王安忆	《长恨歌》	*Song of Everlasting Sorrow*	Michael Berry, Susan Chan Egan	2008
曹乃谦	《到黑夜想你没办法》	*There's Nothing I Can Do When I Think of You Late at Night*	John Balcom	2009
李锐	《无风之树》	*Trees Without Wind*	John Balcom	2012
朱文	《媒人、学徒与足球迷》	*The Matchmaker, The Apprentice and the Football Fan*	Julia Lovell	2013
编者		小说集		年份
Amy Dooling		*Writing Women in Modern China: The Revolutionary Years, 1936—1976*		2005
Aili Mu; Julie Chiu; Goldblatt Howard		*Loud Sparrows: Contemporary Chinese Short-Shorts*		2006

大学出版社出品的译本大多有较为详细的译者序言，对作家的生平以及作品的内容都有介绍，且不浮于简短的故事情节，而会覆盖到时代背景、艺术风格、主题思想、翻译策略等方方面面，不是论文胜似论文。学术型出版社不仅包括各类大学和研究机构的出版社，还有以学术、教育为主要领域的出版社。除了前面提到的印第安纳大学出版社、夏威夷大学出版社、哥伦比亚大学出版社等，比较典型的还有俄克拉荷马大学出版社、密歇根大学出版社中国研究中心、加州大学出版社、西北大学出版社、康奈尔大学出版社东亚研究中心等。此外，M. E. 夏普图书公司(M. E. Sharpe)和埃德文·梅伦出版社(Edwin Mellen Press)也长期致力于人文社科研究的发展和传播，莫文亚细亚出版社(Merwin Asia)主推翻译作品，注重推广东亚文化。波士顿 Cheng & Tsui 出版社、海尼曼出版社

(Heinemann)和诺顿出版社(W. W. Norton & Company)等几家独立出版社也值得一提,它们服务于教育科研,以出版教科书和专业型书籍为主营业务,从官方网站的介绍就可见其科教学术定位:

1. **Cheng & Tsui** is the leading publisher of Asian language learning textbooks & multimedia educational materials. Since its founding in 1979, Cheng & Tsui has been dedicated to "Bringing Asia to the World."①

2. **Heinemann** is a publisher of professional resources and a provider of educational services for teachers and educators from kindergarten through college. ②

3. **W. W. Norton & Company**: In 1923, Norton and his wife, Mary Dows Herter Norton, hired a stenographer and began transcribing and publishing the lectures delivered at the People's Institute, the adult division of Cooper Union in New York City. [...] The Nortons soon expanded their program beyond the People's Institute, acquiring manuscripts by celebrated academics from America and abroad... ③

随着英语世界对中国和中国文学认知度的提高,一些大型商业出版社也开始翻译出版中国当代小说。普通读者的阅读兴趣和购买欲望让商业出版行为合理化、可持续。商业出版社更偏向于出版单行本或单个作家的文集,以其中最具代表性、出版量最大的企鹅出版社为例,其独立出版或联合出版的中国当代小说有 18 部单行本和 1 部小说集,都出版于 2000 年之后,其中 15 部出版于 2012 年之后(见表 3.7)。

---

① 参见:About us. [2020-03-10]. https://www.cheng-tsui.com/about-us.

② 参见:About Heinemann. [2020-03-10]. http://www.heinemann.com/aboutUs.aspx.

③ 参见:Who we are. [2020-03-10]. http://books.wwnorton.com/books/aboutcontent.aspx? id=4386.

表 3.7　企鹅出版社参与出版的中国当代小说英译(2000—2019)

作者	原作	译作	译者	年份
阿来	《尘埃落定》	*Red Poppies: A Novel*	Howard Goldblatt, Sylvia Li-chun Lin	2002
春树	《北京娃娃》	*Beijing Doll: A Novel*	Howard Goldblatt	2004
姜戎	《狼图腾》	*Wolf Totem*	Howard Goldblatt	2008
木心	《空房》	*An Empty Room: Stories*	Toming Jun Liu	2011
何家弘	《血之罪》	*Hanging Devils: Hong Jun Investigates*	Duncan Hewitt	2012
盛可以	《北妹》	*Northern Girls: Life Goes On*	Shelly Bryant	2012
王晓方	《公务员笔记》	*The Civil Servant's Notebook*	Eric Abrahamsen	2012
马建	《阴之道》	*The Dark Road: A Novel*	Flora Drew	2013
毕飞宇	《推拿》	*Massage*	Howard Goldblatt	2014
麦家	《解密》	*Decoded: A Novel*	Olivia Milburn, Christopher Payne	2014
张爱玲	《半生缘》	*Half a Lifelong Romance*	Karen Kingsbury	2014
格非	《褐色鸟群》	*A Flock of Brown Birds*	Poppy Toland	2016
董启章	《梦华录选编:二十五个城市片段》	*Cantonese Love Stories: Twenty-Five Vignettes of a City*	Bonnie S McDougal, Anders Hansson	2017
迟子建	《晚安玫瑰》	*Goodnight, Rose*	Poppy Toland	2018
盛可以	《野蛮生长》	*Wild Fruit*	Shelley Bryant	2018
苏童	《红粉》	*Petulia's Rouge Tin*	Weizhen Pan, Martin Merz	2018
余华	《四月三日事件》	*The April 3rd Incident*	Alan Barr	2018
艾伟	《回故乡之路》	*The Road Home*	Alice Xin Liu	2019

编者	小说集	年份
John Balcolm	*Short Stories in Chinese: New Penguin Parallel Text*	2013

20 世纪 90 年代初，孔慧怡就敏锐地察觉到了译介活动从学术化到商业化的新动向。[①] 但商业出版社真正开始致力于中国文学英译是近十几年的新动向，它们辐射到学者和学生以外的普通读者，出版领域广泛，这些出版社主要有企鹅出版社、兰登书屋[②]、哈珀柯林斯等。它们旗下又各有一系列公司从事中国当代小说的英译出版工作，例如威廉 · 摩罗出版社(William Morrow)就是哈珀 · 柯林斯旗下的出版社(见表 3.8)。

表 3.8　出版中国当代小说英译本的主要商业出版社

Penguin Random House	**Random House's imprints**	Knopf Doubleday	US	Doubleday
				Pantheon
				Vintage
				Anchor Books
		Random House	US	Ballantine
				Random House
		Transworld	UK	Doubleday
		Vintage Publishing	UK	Chatto & Windus
				Harvill Secker
	Penguin's imprints		UK	Penguin
				Hamish Hamilton
				Viking
			US	Viking
HarperCollins		William Morrow	US	
		Harper Perennial	US	

这些出版社各自有不同的发行范围，还有的商业出版社主要参与重印，比如哈珀永久出版社(Harper Perennial)会挑选销量突出的精装本来印制平装本。这些商业出版社出版的中国当代小说英译本中，有三分之

① Hung, E. 1991. Blunder or service? *Translation Review*, 1991(1): 39.

② 这两家于 2013 年 7 月 1 日合并为企鹅兰登书屋。

二诞生于2000年之后，超过一半的译作又被其他商业出版社重印。[①]

商业出版社在译介选材上注重小说的看点与卖点，雅俗共赏，因此除了阿来、苏童、余华这样的严肃文学家的作品外，也会涉及广受大众读者欢迎的类型文学，如罪案、悬疑、青春文学等。商业出版社在采编、宣传、发行等方面实力雄厚。例如，麦家的《解密》译成英文后，美国的FSG出版社(Farrar, Straus and Giroux)专门为这部小说拍摄了预告片。[②] 它们加强了中国文学在英语世界主流图书市场的地位，提高了在海外市场运作的水准。

① 王颖冲．中文小说英译研究．北京：外语教学与研究出版社，2018：128.

② 张稚丹．《解密》海外传奇解码．人民日报海外版，2014-05-23(11).

第四章　中国当代小说英译出版的空间流动

翻译活动蕴含了空间隐喻，不管是从一种语言到另一种语言，从一种文化到另一种文化，从一个国家到另一个国家，还是从原文本变为译入语文本，都是跨越边界的行为。当然，实际的翻译出版活动远比搬运文本、跨越语种、洲际行旅来得复杂。从翻译文本的选材，到出版机构的迁移，到“译入”和“译出”的选择，到“线下”和“线上”的发展，都牵涉到空间的流转，这不光是一个地理范畴的概念。本章我们将从中国当代小说英译的作品来源、出版地分布、翻译方向演变和出版媒介发展来分析译介出版的空间流动。

第一节　中国当代小说英译的作品来源

创作和译介行为都可以看作一种目的性的反映结构，任何此类选择都只能反映“现实”的一部分。小说创作艺术地反映现实，具有自己的内在逻辑，各个时代和地区的作品又有自己的特征。为了研究之便，我们常常着眼于“中文小说”或“中国小说”这样一个整体，但是中国幅员辽阔，民族众多，都市和乡村、内地与港台、海内与海外的小说刻画的往往是不同的面向。因此，在文学这个想象空间里，“中国故事”一定不是单一的、符号化的、刻板印象式的故事模式，而表现出各色各异的风土人情和精神风貌。

译介选材是有目的的行为，发起人在浩如烟海的文学作品中选取很小一部分,作为中国之“像”的侧影。这种“光源”既是外在的,又是内在的。对不同地区的中文小说的英译出版,并不是按照各地作品数量的比率或者其文学成就来决定的。译介者的主体性包括了主观能动性和主观受动性,二者协同作用:一方面,他们有个人的偏好和考量,如何选篇是由内而外自发的选择;另一方面,从系统论的角度来看,他们的意图又受到政治、社会、文化、经济等外部大环境的影响,这双“无形之手”触发、引导或限制,直接干预了编纂与否和如何选材等问题。

以中国当代小说的英译单行本为例,1949 年至 2019 年总共出版 582 部,其中港台地区作家和旅居海外的中国作家的有 157 部,约占总数的 27%:其中 1949 年至 1965 年出版 5 部,年均 0.29 部;1966 年至 1976 年出版 2 部,年均 0.18 部;1977 年至 1999 年出版 57 部,年均 2.5 部;2000 年至 2019 年出版 93 部,年均 4.65 部。港台地区的小说和海外小说的译介数量总体呈上升趋势,这与海外出版社主持和参与中国文学的英译项目密切相关。这些译本中,76 部出自台湾或旅居台湾的作家,34 部出自香港或旅居香港的作家(见图 4.1)。

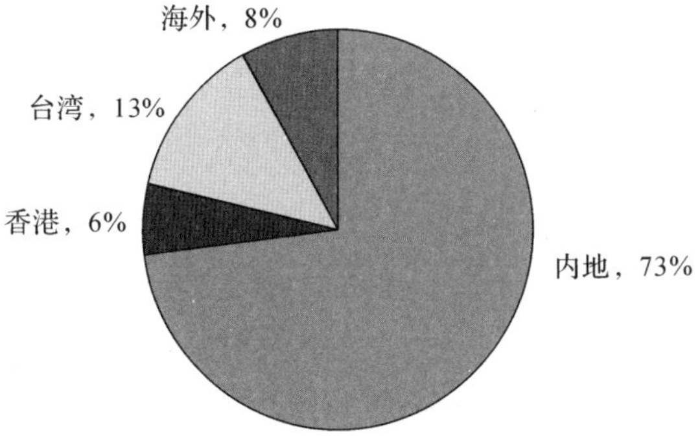

图4.1 各地作家创作的中国当代小说的英译单行本数量(1949—2019)

从图 4.1 中我们可以看出,港台地区和海外的作家在当代文学英译的版图上留下了非常深刻的印迹。海外作家有来自华语语系地区的,如新加坡的希尼尔(《认真面具》,*The Earnest Mask*,2013)、英培安(《骚动》,*Unrest*,2018;《孤寂的脸》,*Lonely Face: A Novel*,2019),马来西亚的李永平(《吉陵春秋》,*Retribution: The Jiling Chronicles*, 2003)、张贵兴(《我思念的长眠中的南国公主》,*My South Seas Sleeping Beauty: A Tale of Memory and Longing*, 2007)、黄锦树(《开往中国的慢船及其他》,*Slow Boat to China and Other Stories*, 2016)、贺淑芳(《湖面如镜》,*Lake Like a Mirror*, 2019)等,也有旅居英语国家的,包括美国、英国、加拿大、澳大利亚等,还有极少数旅居法国、德国等非英语国家。① 20 世纪八九十年代以后,人员流动越来越便利和频繁,作家旅居和侨居海外变得稀松平常,有的还会加入其他国籍。这里面除了人们比较熟悉的白先勇、程乃珊、西西、严歌苓等,还有些作家,其作品在国内并没有多少影响力,其文学性也不能反映中国当代小说的最高水准。

个别海外作家之所以受到译介者的青睐,并非得益于作品的美学、文化价值,而是因为背后复杂多样的原因。一方面他们有近水楼台的优势,长期身处目标语社会之中,作品正好符合出版商和读者的需求和口味。例如,旅澳华人作家刘熙让(笔名刘奥,谐音"留澳")的《云断澳洲路》(*Oz Tale Sweet and Sour*, 2002)从淘金时代的中国劳工讲起,描写了五代华人在澳大利亚的奋斗、苦难与焦虑,反映出文化冲击与同化、身份危机与认同。英译本由澳大利亚维多利亚的纸草出版公司(Papyrus Publishing)出版,该机构自 1991 年成立以来,致力于给不同文化背景的澳大利亚作家提供出版机会,他们的母语包括阿拉伯语、汉语、捷克语、德语、意大利语、黎巴嫩语、波斯语、罗马尼亚语等。② 无独有偶,加拿大华人女作家张翎的小说《金山》讲述了加拿大华工淘金修铁路的艰辛历程,通过家国人生的悲欢体现出民族身份认同的国际性问题。该书的英译本(*Gold Mountain Blues*, 2011)由韩斌翻译,由维京出版社在多伦多出版。这样的小说植根于目标语社会,题材本身就具有强烈的跨文化意识,故事发生的背景和场景又是目标语读者比较熟悉的,容易产生共鸣,似乎本来就是面

---

① 以作家在其创作活跃期和译介时期所处的主要地区来划分。

② 参见:About us.[2020-02-23].http://www.papyrus.com.au/about.html.

向英语世界来创作的。

另一方面，有的作品在意识形态问题上存有争议，也因此受到境外出版社的青睐。一些持不同意见的作家，包括虹影、马建等流散作家都属于这一类译介对象。例如，陈若曦是译介次数比较多的作家，共有四部短篇小说集被翻译成英语，包括《招魂：台湾故事五则》(*Spirit Calling: Five Stories of Taiwan*，1962)、《尹县长》、《老人》(*The Old Man and Other Stories*，1986)和《陈若曦短篇小说集》(*The Short Stories of Chen Ruoxi: A Writer at the Crossroads*，1992)，出版地包括中国的香港、台湾地区，以及美国。在最著名的《尹县长》这部英译选集中，《任秀兰》和《尹县长》几乎就是纪实文学，热爱政治竞逐的人们酿造了悲剧，自己也深受其害。《查户口》和《晶晶的生日》中，互相监视与告发的行为甚至吞噬掉了儿童的天真。《大青鱼》和《尼克松的记者团》揭示了当时对内和对外呈现出来的不同景况。小说的中文原作于1976年由台北远景出版事业公司出版，当即就引发了激烈辩论，而这类声音正是境外一些持不同意见的译介者所寻求的。

英译小说的虚构空间在城乡之间的分布也具有明显的时代性，总体是由农村和小城镇转向都市，这与每一代作家的人生经历和创作生涯有密切的关系，也符合社会城市化进程的趋势。20世纪50年代的小说创作以农村生活题材为主，尤其是1953年的合作化运动是新中国成立后的第一场大变革，成为作家笔下故事发生的大背景。[①] 例如，赵树理的《三里湾》(*Sanliwan Village*，1957)、周立波的《山乡巨变》(*Great Changes in a Mountain Village*，1961，只英译了第一卷)、柳青的《创业史》(*The Builders*，1964；1977年再版时改名为 *Builders of a New Life*)等都是典型代表。在诸多农村题材和战争题材的小说英译本的衬托下，周而复的《上海的早晨》就显得颇有新意。小说的主题是民族工商业者的改造，塑造了大城市形形色色的资本家形象。作家曾在上海工作和生活，因工作

---

① 陈思和. 中国当代文学史教程. 上海：复旦大学出版社，1999：36.

关系对民族资产阶级和资本主义工商业有较多了解,这些都成为日后的创作素材。以工农兵为题材的英译小说集全部由外文出版社出版,包括 *Building a New Life: Stories about China's Reconstruction*(1955)、*The Young Coal-miner and Other Stories by Contemporary Chinese Writers*(1958)、*Flame on High Mountain and Other Stories*(1959)、*The Young Skipper and Other Stories*(1973)、*The Young Pathbreaker and Other Stories*(1975)、*The Golden Bridge: A Selection of Revolutionary Stories*(1977)、*Wild Goose Guerrillas*(1978),而 1978 年以后就没有出过类似的文集了。

20 世纪八九十年代英译出版的小说中,仍然有相当数量的作品以农村和小城镇为故事背景,这与 70 年代末中国文坛涌现的一批知青作家有很大关系。他们普遍接受过良好的教育,之后响应号召上山下乡,来到农村插队落户。"文革"结束之后,他们重拾这段艰苦而特殊的岁月,用文字来凭吊青春。知青小说不属于任何一种风格、流派和思潮,而单纯是题材的划分,它们可能是伤痕文学、寻根文学、反思文学或是其他。当时的一批青年作家把笔触深入到了民族文化的土壤中去,不仅在表面上转向返璞归真的乡村题材,也从更深的层次挖掘人性、传统和作家的个性。作家个体的经验和体悟各不相同,作品的主题也无定式,有的重在描写苦难生活和控诉那段岁月,有的重在拷问特殊环境下的人性,有的重在强调那一代青年人的理想与激情。这类小说包括阿城的《阿城小说选(1、2)》(*Three Kings: Three Stories from Today's China*, 1990; *Selected Stories by A Cheng*, 1999)、张承志的《黑骏马》(*The Black Steed*, 1990)、梁晓声的《这是一片神奇的土地》(收录于 *The Black Button*, 1992;2009 年重印为 *A Land of Wonder and Mystery and Other Writings*)、马波的《血色黄昏》(*Blood Red Sunset*, 1995)、张抗抗的《张抗抗知青作品选》(*Living with Their Past: Post-Urban Youth Fiction*, 1991)和《隐形伴侣》(*The Invisible Companion*, 1996)等。在当时的一阵"乡土风"中,孙力和余小惠合著的《都市风流》是为数不多的都市小说,引领了新时期对都市文学的探索。这部以改革开放为背景的小说取材于一座大城市的市政建设，历史感和时代性俱强，小说对各个阶层和职业的人物性格的塑造下了功夫，尤其能够引发同时代人的共鸣。英文版(*Metropolis*，1992)很快就问世了。

20 世纪 90 年代末，中国当代小说英译中，农村和乡镇题材的作品在数量上就不那么突出了。一方面是因为 20 世纪 30 至 50 年代出生的作家过了创作高峰期，而 21 世纪被译介的作家大多数在城市生活并接受教育。后者刻画了不同的地域和社会阶层，也有大量个体经验叙事，代表了不同的立场、风格和写作手法。另一方面是许多其他题材的小说兴起，并受到英语世界读者的欢迎，这些包括爱情、青春、女性、官场、罪案、悬疑、武侠、科幻等题材。北京、上海、西安、深圳、成都、香港、台北等大都市都成为作家笔下故事发生的场所，呈现出不同的地域风貌、人的生活状态与内心世界。

但有意思的是，好几位译介次数较多、海外影响力大的作家都以乡土小说著称，例如莫言、贾平凹、阎连科、韩少功等。高密东北乡、陕西、河南农村既是他们的成长环境，又是情感归宿，作家基于乡土记忆在小说中虚构出一个个想象的地界。例如，莫言的小说之所以吸引人，除了借鉴魔幻现实主义的手法外，浓厚的乡土气息也是很大一个因素。他早年被译介的《爆炸》、《红高粱家族》(*Red Sorghum*：*A Novel of China*，1993)和《天堂蒜薹之歌》(*The Garlic Ballads*，1995)都建立在高密东北乡这片亦真亦幻的土地上。后来被翻译的《丰乳肥臀》(*Big Breasts and Wide Hips*，2004)、《生死疲劳》(*Life and Death are Wearing Me Out*：*A Novel*，2008)、《四十一炮》(*Pow!*，2012)、《蛙》(*Frog*：*A Novel*，2014)、《透明的红萝卜》(*Radish*，2015)继续营造了这一文学地理的典型，展现出与西方传统乡村截然不同的环境，距离感和神秘感引人遐想。2012 年莫言获得诺贝尔文学奖的殊荣，加深了英语世界读者对高密东北乡的印象，其甚至有可能成为期待视野中中国农村的一个缩影。这类英译小说还包括贾平凹的《高兴》(*Happy Dreams*，2017)、《带灯》(*The Lantern Bearer*，2017)、阎连科的《丁庄梦》(*Dream of Ding Village*, 2011)、《受活》(*Lenin's Kisses*, 2012)、《炸裂志》(*The Explosion Chronicles*, 2016)、韩少功的《马桥词典》(*A Dictionary of Maqiao*, 2003)等。这些作品中生疏的地域背景和独特的文化根源都融入真诚、鲜活的故事中去,对目标语读者极富吸引力。它们夹杂了粗鄙、落后、神秘、光怪陆离的元素,既反映现实观念的矛盾冲突,又构成寓言式的叙述。

其实早在20世纪上半叶,现代小说的英译就已勾勒出鲁迅的绍兴、沈从文的湘西,以及萧红、萧军、端木蕻良的东北等生动的农村乡镇区块,构成了"国家想象"的主体,而对现代都市的刻画一直比较薄弱,形象模糊。对于中国这个古老的农耕国度,也许村镇故事比都市文明更能代表民间传统,现代文学的伊始就让乡土文学占据了优势。不同时代的作家相继从乡村体验里寻找民族文化的根,这种现象不是孤立的,不限于乡土文学、寻根文学的热潮,也无关乎现实主义或浪漫主义的基调。这类小说立足于民族和地域特征,展现传统文化制约下的观念和生活。它们就像远行归来的水手带回的异乡异闻,亦真亦幻,吸引着英译世界读者持续的兴趣与关注。20世纪80年代以后,许多作家从"忆苦"和"歌颂"的圈子里跳出来,故乡或移居地的淳朴、蒙昧、怪诞和贫病都成了写作和审美的对象。经过一定的筛选和夸张,那些东方经验和现实对于大部分都市读者来说就像是传说。出于一种猎奇的心理,中国偏远地区鲜为人知、骇人听闻的故事更容易吸引大众读者的兴趣,对于目标语世界的读者来说如同原乡神话。有学者提出,"西方人更多的是根据自己的需要,从巩固和加强对中国的殖民统治、对中国人民的奴役等功利主义、实用主义目的出发,重新'塑造'中国形象"①。不少英译的小说都涉及落后扭曲的风俗,包括迷信巫蛊(如《药》《爸爸爸》)、裹小脚(如《三寸金莲》)、童养媳(如《萧萧》《小鲍庄》)、其他婚恋模式(如《远村》《天狗》《伏羲伏羲》《妻妾成群》)等,形成了一种批判和"审丑"倾向,这也是读者和研究者在审视中国当代

---

① 李朝全.文艺创作与国家形象.北京:华艺出版社,2007:23.

小说英译传播时需要警觉的。

第二节 中国当代小说英译的出版地分布

各地区的文化出版行业形成一个相对稳定和完备的体系，域外文学要进入它会遇到许多障碍，包括语言、风土人情、阅读习惯等各个层面的文化隔膜。一般来说，文学翻译都是由译入语文化主动发起，引进本国人民需要和喜爱的作品，这一点可与商品的进口类比。但中国当代文学的英译却给出了一个反例，大量图书其实是由源语地区主动外推的。马士奎曾这样评述文学“译出”现象：

> 一般翻译是以作品从强势文化流入相对的弱势文化为主向，而典型的对外翻译与此相反，作品多从影响相对较小的语言进入其他语言尤其是一个时期的“国际语言”。作品通过这种方式进入异文化可以扩大其本身及整个原语文化在目的语社会的影响。[①]

中国当代小说英译的发起地在70年里出现转移，体现出不同译介者的立场与洞见，也体现出国际关系和文化交流趋势的变化。1949年至2019年，中国当代小说英译本的出版地主要有几处：第一是中国；第二是以美国、英国为代表的英语国家；第三种情况是多地联合出版发行；此外还有极少数情况下为世界其他地区，包括加拿大、新加坡、丹麦、德国等（见图4.2）。

汉语母语地区独立译介出版的占了39%，其中中国内地出版了223部，香港地区48部，台湾地区19部。英语母语国家独立出版的占42%，其中美国和英国的译介量比较突出，分别为257部和59部。总体来说，源语社会“赠予”和目标语社会“采撷”的比例大抵相当，这对于文学翻译来说是非常特殊的案例，却充分体现出英语世界对中国文学的认知和态度。

---

① 马士奎.中国当代文学翻译研究(1966—1976).北京:中央民族大学出版社,2007:169.

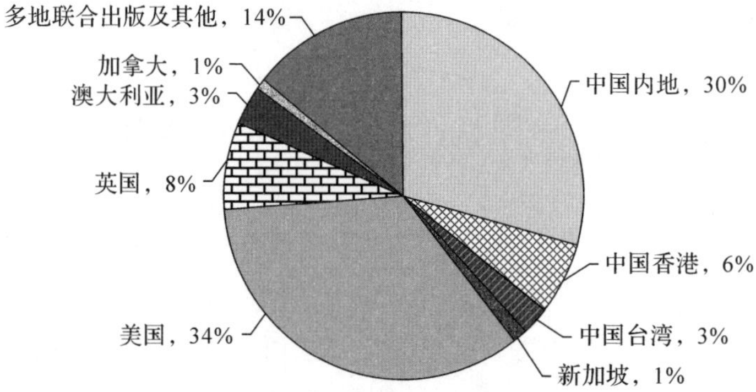

图 4.2　中国当代小说英译数量的出版地分布

在英语世界，只有不足3%的图书出版物是译作，英美国家主动翻译出版其他国家文学作品的积极性总体不高。以色列学者伊文-佐哈尔提出，翻译文学一般会在三种情况下占据某一社会中文学多元系统的中心位置：(1)文学多元系统尚未建立或仍处于"年轻"状态；(2)文学多元系统(在一个大的、互相关联的文学群内)处于"边缘"或"弱势"，或两者兼而有之；(3)文学多元系统出现转折、危机或真空。① 英语文学正处于繁盛时期，长中短篇小说发展成熟，没有迫切需求来引进中国当代小说。从外语翻译过来的小说很难获得英语国家大众读者的接受和认可，部分热销一时的作品也只是昙花一现，只有极少数经典名著因其文学魅力和国际声誉而经久不衰。但是，文学体系绝不是孤立和封闭的，这里的"强势"和"弱势"可以是文学和文化方面的，也可以是经济、政治等方面的，指涉的是国家和民族之间的权力关系。

翻译出版只能以点带面，译介者常在序言中表达"反映现实"的意愿，但作品切入社会的截面却各不相同。意识形态是影响英译选材的一个重要因素，从不同角度投射向中国和中国文学。例如，20世纪50年代至70年代，外文出版社翻译了大量的革命主题小说，"忆苦"和"歌颂"的话语体

① Even-Zohar, I. The position of translated literature within the literary polysystem. *Poetics Today*, *Polysystem Studies*, 1990(1): 47.

系符合当时对外宣传的目标，充分发挥了文学的工具性。“文革”时期紧张的政治局势令整个文学和翻译出版行业面临巨大的压力，不创作、不翻译、不出版相对稳妥。尤其是那些与主流意识形态存在严重分歧的作品，不仅不可能在当地英译出版，原作也可能被禁，而审查制度并不是中国大陆独有的。只有在相对宽松的社会环境下，读者才能抱着平和的心态来阅读和评判不同立场的作品。

当然，将“译什么”全部归结为意识形态有失偏颇，因为许多作品并没有明显支持或违背某一种政治立场，只是各地对本土文化和文学都怀着保护和推介的意愿，这种倾向在中国大陆和台湾地区最明显。这类译本或以丛书的形式出版，一般也受到相关机构的资助。根据我们的书目，中国大陆几乎没有独立出版过港台地区作家及海外作家的英译单行本，不管是在文学审查制度严格的 20 世纪 50—70 年代，还是在相对宽松的八九十年代和 21 世纪。新世界出版社曾于 1981 年出版过旅美作家聂华苓的《桑青与桃红》(*Two Women of China: Mulberry and Peach*)，但该书同时也由纽约的 Sino Publishing Co. 和波士顿的灯塔出版社(Beacon Press)联合出版。革命、工业、农村题材的几乎都是由中国大陆外推的，尤其集中于 1955 至 1977 年。与此相反，先锋文学则全部由境外出版社出版。

台湾地区的地方保护主义倾向更为明显。当地英译出版的中国当代小说不多，只有 9 部单行本和 10 部小说集，其中单行本全部出自台湾作家(见表 4.1)。

表 4.1　台湾地区出版的中国当代小说英译本(1949—2019)

作家	原作	译作	译者	出版社	年份
陈若曦	《招魂：台湾故事五则》	*Spirit Calling: Five Stories of Taiwan*	Lucy H. M. Chen	Taipei: Heritage Press	1962
聂华苓	《李环的皮包》	*The Purse: Four Stories of China*	Nieh Hua-ling, Hou Chien	Taipei: Heritage Press	1962
林海音	《绿藻与咸蛋》	*Green Seaweed and Salted Eggs*	Nancy C. Ing	Taipei: The Heritage Press	1963

续表

作家	原作	译作	译者	出版社	年份
华严	《智慧的灯》	*Lamp of Wisdom*	Nancy C. Ing	Taipei: The Woman Magazine	1974
华严	《生命的乐章》	*Daughter of Autumn*	Wen Ha Hsiung	Taipei: The Woman Magazine	1978
杨青矗	《杨青矗短篇小说选》	*Selected Stories of Yang Ch'ing-ch'u*	Thomas Gold	Kaohsiung: Dunli Publishing	1978
彭歌	《黑色的泪》	*Black Tears: Stories of War-torn China*	Nancy C. Ing	Taipei, San Francisco: Chinese Materials Center	1986
王蓝	《蓝与黑》	*The Blue and the Black*	David L. Steelman	Taipei, San Francisco: Chinese Materials Center	1987
巴代	《笛鹳》	*Sorceress Diguwan*	Catherine Hsiao	Taipei: Serenity International	2013

编者	小说集	出版社	年份
Lucian Wu	*New Chinese Stories: Twelve Short Stories By Contemporary Chinese Writers*	Taipei: Heritage Press	1961
Nancy C. Ing	*New Voices: Stories and Poems by Young Chinese Writers*	Taipei: Heritage Press	1961
Lucian Wu	*New Chinese Writing*	Taipei: Heritage Press	1962
Nieh Hualing	*Eight Stories by Chinese Women*	Taipei: Heritage Press	1962
Nancy C. Ing	*The Ivory Balls and Other Stories*	Taipei: Meiya Publications	1970
Dawning Cultural Service Center	*A Collection of Contemporary Chinese Short Stories*	Taipei: Dawning Cultural Service Center	1971
Chinese Women Writers' Association	*The Muse of China: A Collection of Prose and Short Stories by Contemporary Chinese Women Writers*	Taipei: Chinese Women Writers' Association	1974

续表

编者	小说集	出版社	年份
Pang-yuan Ch'i	*An Anthology of Contemporary Chinese Literature: Taiwan, 1949—1974. 2 vols. II: Short Stories*	Taipei: Institute for Comparative Literature and Translation	1975
Michelle Yeh; Dominic Cheung	*Exiles and Native Sons*	Taipei: Institute for Compilation and Translation	1992
Pang-yuan Ch'i	*Taiwan Literature in Chinese and English*	Taipei: Commonwealth Publishing Ltd	1999

虽然总的出版量不算大，但台湾地区为了加强推广本地文学的力度，于21世纪初启动了图书对外译介计划。台湾主管部门"文建会"和美国加州大学圣塔芭芭拉分校台湾研究中心合作出版了"台湾作家英译系列"及《台湾文学英译丛刊》，希望英语世界的读者能透过这些文学作品了解台湾的社会、政治、经济和文化发展现状。台湾文学馆于2010年开始了"台湾文学翻译出版辅助计划"，以申请和划拨资金的方式提高当地文学的影响力。

香港地区英译出版的中国当代小说数量稍多一些，有35部单行本和9部小说集。作为曾受殖民统治的地区，香港移民浪潮的双语背景让其成为多元文化交汇的地方，但也激发了身份认同的矛盾。"译丛文库"的主题分类里就专门有"香港文学"一栏，以树立香港文学在中国当代文学史中的地位。但当地译介的小说题材和风格兼容并蓄，文本来源多样，包含了中国内地、香港、台湾地区，以及海外的作品。例如，在香港出版过英译小说(集)的本地作家只有金庸、李碧华、刘以鬯、西西、梁秉钧，而当地70年中累计出版了31位作家的作品，显示出中国当代文学的多元融合。①

① 王颖冲，王克非.现当代中文小说译入、译出的考察与比较.中国翻译，2014(2)：35-36.

如本书第三章中所说，中国当代小说英译出版总体是由"赠予"转变为"采撷"(见第三章第五节)，这一变化主要是随着文学系统以外的情况而动的。多元系统论将特定文化中的符号现象看作不同的系统，而非互不相干的元素，从而形成一个复杂的网络；文学系统就是其中的一个子系统，有自己的边缘和中心，而它们之间又存在斗争，彼此的地位动态变化。① 1978 年之前，中国当代小说的英译主要由源语地区来承担，英语国家只出版了 3 部单行本和 1 部小说集。20 世纪八九十年代这一现象有所改观，但直到 21 世纪，英语世界翻译出版的中国当代小说的数量才赶超中国外推的数量，且比率呈上升的趋势(见图 4.3)。

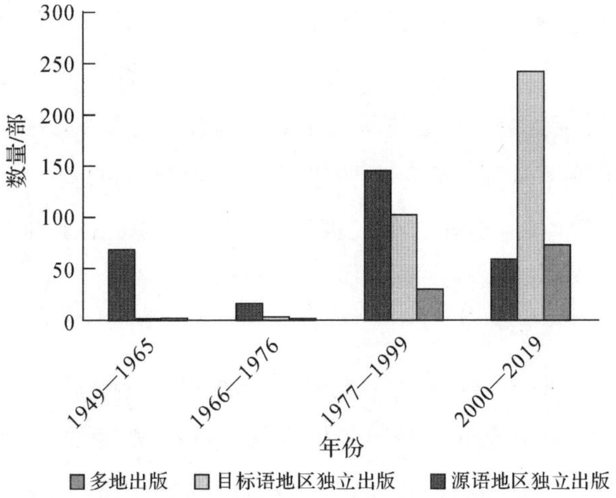

图 4.3 各阶段中国当代小说英译本的出版地分布

中华人民共和国成立初期在外交上仍面临许多困难，战争和国际局势也让中美关系陷入僵局。据沙博理回忆，自朝鲜战争起，美国很长一段时间内都反对出版反映中国真实情况的文学翻译作品。② 1958 年，美国

① Even-Zohar, I. Polysystem theory. *Poetics Today*, *Polysystem Studies*, 1990 (1): 9-26.

② 洪捷. 五十年心血译中国——翻译大家沙博理先生访谈录. 中国翻译，2012(4): 64.

颁布了《国防教育法》(National Defense Education Act),出于战略考虑重视外语教育和地区研究,文献翻译大幅增加,但文学翻译仍然很稀少。此外,美国还公然干涉中国香港和台湾地区的文学创作、译介、文艺评论。张爱玲的一些作品都诞生于这一时期,作为"冷战文学"的一部分受到美国新闻处(USIS)的资助出版。这些作品不是因其艺术成就而及时被翻译成英语,而是由于意识形态的偏离在海外颇受重视。①

这种隔绝与对峙的状态一直到1972年尼克松访华才被打破,之后经过双方的共同努力,中美两国于1979年1月1日建立正式外交关系,也步入了文化交流的新阶段。"不译介"的现象之所以引人关注,是因为它代表了译入语社会中翻译活动的停滞,背后又隐含了各方力量的角力,以及"较少被翻译的语言"和英语世界之间的地位关系。根茨勒和提莫志克在《翻译与权力》一书的序言中写道:

> 当代翻译学者越来越关注被翻译的部分和未被翻译的部分,包括文字的省略和历史记录中翻译的缺失,他们将翻译情境化至其发生的历史时刻,意识到占统治地位的文化形式或权力将其他的形式和解读边缘化。因此,沉默,不管是以零翻译或者不翻译某些作品的形式呈现,常常对理解翻译和文化中权力的运作至关重要。②

20世纪八九十年代,"熊猫丛书"的出版计划非常庞大,以赠阅和通过国际书店出售的形式在150多个国家发行,盛极一时。但这种"开放"确切地说更像是单向的"外推",由中方翻译、中方出版,不符合国际通行的译介流向。源语地区主动对外翻译的做法在英语国家的当代翻译史中并不多见。翻译书籍在英美图书市场步履维艰,恐怕不能完全归因于作品

---

① 王颖冲,王克非.洞见、不见与偏见——考察20世纪海外学术期刊对中文小说英译的评论.中国翻译,2015(3):45.

② Gentzler, E. & Tymoczko, M. Introduction. In Tymoczko, M. & Gentzler, E. (eds.). *Translation and Power*. Amherst, Mass: University of Massachusetts Press, 2002: xxxii-xxxiii.

本身的吸引力和翻译质量，而与双方文化软实力的差距有极大关系。在这样的情况下，处于“低势”的中文小说进入“高势”的英语世界需要借助外力引流，这种外力发自源语文化的内部也是合理的现象。

20世纪末，中国开始在国际舞台上扮演更为重要和积极的角色，与英语世界的文化交流日益频繁，这也为目标语读者了解今日中国打开了窗口。由于中国文学认知度和读者对其兴趣的提高，美国、英国等图书出版大国比以往更加主动地翻译出版中国文学，尤其是当代文学。除此之外，澳大利亚、加拿大和新加坡也有所译介，它们同样是中国文学“走出去”不可忽视的市场。同时，版权交易的透明化、通畅化也给译介出版提供了便利。

此外，出版地多源化和同步化的发展趋势明显，地域界限开始变得模糊，有同一家出版社在不同国家和地区发行的，也有几家出版社各自在所属区域发行的。1977年以前，几乎没有译本属于这样的情况，1977年至1999年这类译本达到31部，2000年至2019年则蹿升至73部，在各时段译介总量中的占比也大幅提高(见图4.3)。不同国家和地区的出版社在选题策划、版权购买投资、编辑发行等过程中分工合作，通过资源共享和优势互补实现共赢。对于文学作品来说这也是一件幸事，说明它受到多方关注，也能通过不同的出版主体走向更广阔的阅读群体。译本成品可以有多个版本，封面装帧设计等一般也有所不同，以迎合目标市场的喜好。

当然，中国从未放松对外译介的工作，译介流向的转变不意味着将文学和文化对外传播的工作完全交给英语世界。21世纪以来也有不少成果突出的对外译介项目，如外文出版社在21世纪出版了近20部小说集，其中大多出自“21世纪中国当代文学书库”(见表4.2)。

表 4.2 外文出版社出版的"21 世纪中国当代文学书库"

编者	小说集	年份
Li Jingze et al.	*The Great Masque: And More Stories of Life in the City*	2008
Xie Youshun	*Plum Raindrops: And More Stories About Youth*	2008
He Xiangyang	*How Far is Forever and More Stories by Women Writers*	2008
Liu Tao	*Street Wizards and Other New Folklore*	2009
Shi Zhanjun	*The Mud Boot Wedding and Other Ethnic Minority Stories*	2009
Zhang Yiwu et al.	*Going to Town and Other Rural Stories*	2009
Zhang Yiwu et al.	*Jade Streetlights and More Stories of Longing*	2009
Bing Feng	*One Fallen Leaf*	2009
Sun Fangyou	*A Refined Robber and Other Selected Anecdotal One-Minute Stories*	2009
Li Jingze et al.	*A Voice from the Beyond*	2014
Li Jingze et al.	*Keep Running, Little Brother*	2015
Li Jingze et al.	*The Last Subway*	2015
Li Jingze et al.	*Shadow people*	2015
Li Jingze et al.	*The Sugar Blower*	2015
Li Jingze et al.	*Irina's Hat*	2015
Li Jingze et al.	*Sweetgrass Barracks*	2015
Li Jingze et al.	*To the Goat-Dipping*	2015

该丛书自 2007 年开始策划,收录的都是 1995 年以来发表的作品,以中短篇小说为主,大多是近年来国内文坛的获奖作品,能够代表中国当代小说的最新成就。丛书侧重展现中国社会最新的面貌和普通人的生活,涉及婚姻、爱情、青春、民俗文化等,按主题编辑成册,这些也是英语世界大众读者比较关切的话题。

除了本地英译出版"漂洋过海",以及靠国外出版社主动译介的"借船出海”,近年来中国还实施了多项文学外译的资助项目,通过政府补贴、出口退税等实际举措来实施,正如人民文学出版社总编辑在接受采访时所说:“政府的文化推广计划,比如规定向外介绍的图书都由政府承担翻译费,这给出版社减轻了很大的负担。”[①]同时中国也在海外建立出版社,致力于文学和文化类书籍的出版和发行,构建海外传播的新支点。例如,Better Link 是上海新闻出版发展公司在美国注册的出版公司,致力于对外推介事业,图书在美国纽约发行,除了文学作品外还发行少儿、旅游、历史、民俗、文化类的英文书籍。虽然成立不久,它已经成为近年来该领域最活跃的机构之一,截至 2020 年,出版了约 40 部中国当代小说和小说集译本,在纽约、苏黎世、上海等地发行。其中最知名的一套丛书是“当代上海作家小说选”(Stories by Contemporary Writers from Shanghai),最初只计划出版 12 部,但很快就超过了这一数目,现已推介了王安忆、孙甘露、程乃珊、马原、叶辛、王晓鹰、竹林、李晓、张怡微等人的作品。“当代上海作家小说选”的推出得益于上海作协的大力支持,其译者来自不同的国家和语言文化背景,华裔译者李耀宗翻译的《王安忆短篇小说选》(*The Little Restaurant*,2010)等译本也受到了知名译者韩斌的好评。在国外建立出版公司,一方面可以深入了解目标语国家图书市场,把握读者的需求和喜好,一方面又背靠国内丰富的原创文学资源,不失为“走出去”的一种创新模式。在全球化背景下,不管是“漂洋过海”“借船出海”,还是“造船出海”,都是文学交流和文化互通的重要途径。

第三节　中国当代小说英译的翻译方向演变

文学文本和出版机构具有自己的空间属性,译者作为文学翻译的主体亦是如此。他们在地理空间、认知结构和心理归属上可以隶属于源语文化或译入语文化,或两者兼而有之但更偏向于某一方。

---

① 罗雪挥,刘芳.中国图书的“西行路线”.中国新闻周刊,2006(41):74-75.

根据译入语是否为译者的母语，我们将翻译方向分为“译入”和“译出”两类。其中“译出”也称为逆向翻译(inverse translation)，即从自己的本族语或习惯使用的语言译出。[①] “译入母语”是翻译行业的国际惯例，《内罗毕建议书》(UNESCO, 1976)曾提出，译员应尽量译入母语，或与母语相当的语言。但是，实际的翻译活动中仍然存在大量译出的例子[②]，尤其是在语言习得、教学和培训领域内。[③] 在有些地区，甚至从母语“译出”才是惯例，比如俄罗斯和一些东欧国家。[④]

近年来，随着中国文学作品外译的数量增加、影响增大，有关“走出去”接受情况的讨论在政府决策层和文化出版界愈发热烈，而“由谁来译”“如何去译”对于翻译传播来说更是重要的议题。只有了解译介传播的历史语境，才能对翻译方向的选取有理性的认识。

第二节里提到，中国文学的英译模式可分为“外推”和“引入”两种：前者指的是内地、香港和台湾地区的对外译介；后者指的是目标语国家主动引入中国文学作品，直接在当地翻译出版和行销。这与翻译方向的“译入”或“译出”母语没有必然联系，例如北京出版的“熊猫丛书”中也有外国专家的译文，而中国译者也有在海外出版译作的。英语母语译者翻译的中国当代小说大多数出版于 20 世纪 80 年代以后。在此之前，英语世界对中国当代文学的关注并不多，海外精通汉语者局限于极少数的汉学家，而彼时他们大多更热衷于古典小说的翻译。1976 年以前，署名出版了中国当代小说单行本的英语母语译者只有 7 位，包括沙博理、戴乃迭、康德

---

① Shuttleworth, M. & Cowie, M. *Dictionary of Translation Studies*. Shanghai: Shanghai Foreign Language Education Press, 2004: 90.

② 马士奎. 从母语译入外语：国外非母语翻译实践和理论考察. 上海翻译，2012(3):21.

③ Campbell, S. *Translation into the Second Language*. London: Longman, 1998; Grosman, M. *Translation into Non-mother Tongues: In Professional Practice and Training*. Tübingen: Stauffenburg-Verlag, 2002.

④ Shuttleworth, M. & Cowie, M. *Dictionary of Translation Studies*. Shanghai: Shanghai Foreign Language Education Press, 2004: 42, 90.

伦(Andrew M. Condron)、巴恩斯(Archie C. Barnes)、班以安(Derek Bryan)、麦克莱伦(John M. McLellan)和罗体模(Timothy A. Ross)。那时大多数中国当代小说英译还是由外文出版社的社内译者完成的。根据陈德鸿(Chan Leo Tak-hung)的统计,在内地、台湾和香港的三个文学英译期刊《中国文学》《英文笔会》《译丛》里,超过 80%的译作都是由中文母语者完成的。尽管香港不缺乏精通双语的英语人士,英语也是其法定语言之一,中文母语译者的数量仍然居多。① 这看似有悖于翻译行业的国际惯例,但其实"译出"母语自然有其合理性和必然性:一方面是由于翻译人才在一定时期内比较匮乏,另一方面也由于目标语世界不热衷于翻译别国的文学作品。尽管詹纳尔(W. J. F. Jenner)不赞同由中国译者来翻译中国文学,却依然认可了他们的努力付出——毕竟在 20 世纪 50 年代初期,是英语世界的"不作为",让中国译者肩负起了不可能的任务。②

20 世纪 70 年代末起,能够从事文学中译外的译者群体扩大了,译介数量也在这一时期激增。国内方面,英语教育水平较五六十年代大幅提高,涌现出一批翻译人才。以"熊猫丛书"的出版为例,在人员和资源配置方面集结了当时国内最强的翻译团队,包括优秀的编辑和译者,如王明杰、温晋根、唐笙、马爱英、宋绶荃等。国外方面,英语母语人士也更多地参与到中国当代文学的翻译工作中去,出现了一批驻扎中国或经常来中国的译者。除了 50 年代起就开始翻译中国文学的戴乃迭和沙博理等,这一时期新添了杜博妮、詹纳尔、龚丹(Don J. Cohn)、白杰明(Geremie Barmè)、弗莱明(Stephen Fleming)等。他们在中国当代小说英译出版中

---

① Chan, L. T. Translation, transmission, and travel: culturalist theorizing on "outward" translations of classical Chinese literature. In Chan, L. T. (ed.). *One into Many: Translation and the Dissemination of Classical Chinese Literature*. Amsterdam; New York: Rodopi, 2003: 338.

② Jenner, W. J. F. 1990. Insuperable barriers? Some thoughts on the reception of Chinese writing in English translation. In Goldblatt, H. (ed.). *Worlds Apart: Recent Chinese Writing and Its Audience*. Armonk: M. E. Sharpe, 1990: 187-188.

承担了重要的角色，不仅亲自翻译著作，还帮助外文出版社的社内翻译润色并定稿，根据英文语言习惯把行文变得更地道。而在海外，还有如葛浩文、闵福德、艾梅霞(Martha Avery)、王仁强(Richard King)这样的英语人士在积极从事译介工作，在海外出版发行译作。

21 世纪以来，国际交流愈加频繁，不少国外院校开设了各种类型和层级的中文课程，通晓中文、愿意从事中国当代文学翻译的英语人士也越来越多，这里面不仅有学者，也有学生、自由译者，译者群体进一步多样化。还有英语母语译者到中国生活，以便沉浸于汉语环境中，提高语言水平，加深对中国文化的了解。随着海外出版社的译介主动性进一步加强，直接在英语世界招募译者更为方便，顺向翻译逐渐成为主流。

目前，大部分声音都赞成文学翻译应该“译入”母语，尤其是国外的学者和译者。[①] 由于语感、词汇量、表达方式、思维方式等原因，中国译者的译文往往显得生硬或平淡无奇，尽管译文没有什么错误，但缺乏文学性。只有极少数学者认为“译出”和“译入”母语的差别不大，但他们的论述都存在一定缺陷，例如所列举的“译出”的案例中，译者其实是双母语者或中外合译者；或是用典籍英译的有效性和接受度，替换了英译文学作品的可读性。[②] 现实的情况是，“译出”母语的文学作品在海外传播与接受方面没有优势。目前我们还没有特别成功的案例是纯粹通过“译出”走向英语世界的，“熊猫丛书”中部分受到好评的分册多出自外国译者之手，或经外国专家修订。

那么，中国文学“译出”母语是否有必要，是否有可能？依照当前的国际话语体系来看，英语文化依然处于强势文化，中国文学自然地“逆流而上”还面临很大的挑战，需要一定的内推助力。一方面，国外汉学家数量

---

① Graham, A. C. *Poems of the Late T'ang*. Baltimore: Penguin Books, 1965: 37; Jenner, W. J. F. Insuperable barriers? Some thoughts on the reception of Chinese writing in English translation. In Goldblatt, H. (ed.). *Worlds Apart: Recent Chinese Writing and Its Audience*. Armonk: M. E. Sharpe. 1990: 187-188; Goldblatt, H. Narrating China: Jia Pingwa and his fictional world (review). *China Review International*, 2006(2):518.

② 王颖冲. 中文小说英译研究. 北京：外语教学与研究出版社，2018: 149-150.

有限,单纯依靠他们“译入”母语无法满足对外传播的预期。另一方面,“译出”母语也增加了英语语言的多样性,帮助中国在英语文化中建构自己的话语体系。①

尽管我们不认同波科恩关于“译入”和“译出”接受效果差异不大的论证,但他对于“母语”的界定为“译出”的可能性和操作方法提供了启示(见表 4.3)。

表 4.3 波科恩关于母语的标准和定义②

CRITERION	DEFINITION
Origin	The language(s) one learned first.
Competence	The language(s) one knows best.
Function	The language(s) one uses most.
Identification	
-internal	The language(s) one identifies with.
-external	The language(s) of which one is identified as a native speaker by others.

这四条标准中的“language”都存在复数形式,且能力(competence)、功能(function)和身份认同(identification)这三条都会随着迁徙、移民等情况发生转变。王颖冲曾分析了施晓菁、沙博理、戴乃迭、刘宇昆等译者的案例,说明几种语言能力会因教育、工作、家庭、生活环境等因素此消彼长,此时“母语”的提法更类似于一个动态的、梯度的概念,而不是非此即彼的二元对立。③

除了译者个人生活经历的变化,合作翻译的模式也增加了翻译方向的模糊性。在 582 部中国当代小说英译单行本中,超过 150 部是合译的。

① 潘文国.译入与译出:谈中国译者从事汉籍英译的意义.中国翻译,2004(2):43;傅惠生.《汉英对照大中华文库》英译文语言研究.外语教学理论与实践,2012(3):29.

② Pokorn, N. K. *Challenging the Traditional Axioms: Translation into a Non-mother Tongue*. Amsterdam & Philadelphia: John Benjamins Publishing Company, 2005: 3.

③ 王颖冲.中文小说英译研究.北京:外语教学与研究出版社,2018: 121-122;150.

这里面包括了集体翻译的单个作家的小说集，主要由外文出版社和中国文学出版社出版。具体是每篇由不同译者完成再结集组稿，还是先各自完成初稿后再由外国专家润色审定，每部小说的情况可能各不相同，通过现有的副文本不得而知，但可以肯定的是，我们不能简单地说它们是属于"译入"还是"译出"母语的。中长篇小说也有不少是合译的，但这类译本在 20 世纪 90 年代以前很少。合作频率较高的译者组合见表 4.4。

表 4.4　中外固定组合合译的中国当代小说

作者	原作	译作	译者	出版社	年份
朱天文	《荒人手记》	*Notes of a Desolate Man*	Howard Goldblatt, Sylvia Li-chun Lin	New York: Columbia UP	1999
阿来	《尘埃落定》	*Red Poppies: A Novel*	Howard Goldblatt, Sylvia Li-chun Lin	Boston: Houghton Mifflin; London: Methuen; Ringwood, Vic.: Penguin	2002
李永平	《吉陵春秋》	*Retribution: The Jiling Chronicles*	Howard Goldblatt, Sylvia Li-chun Lin	New York; Chichester, West Sussex: Columbia UP	2003
施叔青	《香港三部曲》	*City of the Queen*	Howard Goldblatt, Sylvia Li-chun Lin	New York: Columbia UP	2005
毕飞宇	《青衣》	*The Moon Opera*	Howard Goldblatt, Sylvia Li-chun Lin	London: Telegram Books; Boston: Houghton Mifflin Harcourt	2007
毕飞宇	《玉米》	*Three Sisters*	Howard Goldblatt, Sylvia Li-chun Lin	London: Telegram; New York: Houghton Mifflin Harcourt	2010
希尼尔	《认真面具》	*The Earnest Mask*	Howard Goldblatt, Sylvia Li-chun Lin	Singapore: Epigram Books	2013
李昂	《迷园》	*The Lost Garden: A Novel*	Sylvia Li-chun Lin, Howard Goldblatt	New York: Columbia UP	2015
残雪	《天空里的蓝光》	*Blue Light in the Sky and Other Stories*	Karen Gernant, Zeping Chen	New York: New Directions Books	2006

续表

作者	原作	译作	译者	出版社	年份
残雪	《五香街》	*Five Spice Street*	Karen Gernant, Zeping Chen	New Haven; London: Yale UP	2009
残雪	《垂直运动及其他》	*Vertical Motion: Short Stories*	Karen Gernant, Zeping Chen	Rochester, NY: Open Letter	2011
张抗抗	《白罂粟》	*White Poppies and Other Stories*	Karen Gernant, Zeping Chen	Ithaca, NY: East Asia Program, Cornell UP	2011
阿来	《西藏魂:阿来短篇小说集》	*Tibetan Soul: Stories*	Karen Gernant, Zeping Chen	Portland, ME: MerwinAsia	2012
残雪	《天堂里的对话》	*Dialogues in Paradise*	Ronald R. Janssen, Jian Zhang	Evanston, IL: Northwestern UP	1989
残雪	《苍老的浮云》	*Old Floating Cloud: Two Novellas*	Ronald R. Janssen, Jian Zhang	Evanston, IL: Northwestern UP	1991
残雪	《绣花鞋的故事》	*The Embroidered Shoes: Stories*	Ronald R. Janssen, Jian Zhang	New York: Henry Holt	1997

译者的空间流动性一度限制了合作的可能,所以许多合译本是由夫妻、兄弟姐妹、同事、师生等组合合作完成的。[①] 最著名的就是两对翻译伉俪杨宪益和戴乃迭、葛浩文和林丽君(Sylvia Li-chun Lin)。近年来也有类似的组合,例如罗鹏(Carlos Rojas)和周成荫(Eileen Cheng-yin Chow)夫妇翻译了余华的《兄弟》(*Brothers: A Novel*, 2009),潘维真(Jane Weizhen Pan)和马丁(Martin Merz)夫妇翻译了王刚的《英格力士》(*English: A Novel*,2009)和李洱的《1919年的魔术师》(*The Magician of 1919*,2011)等。除此之外,译者之间还有比较固定的合作伙伴,例如表4.4中残雪的英译者有两对组合,2000年之前是詹森(Ronald R. Janssen)和张健(Jian Zhang),二人同在美国霍夫斯特拉大学任教;2000

① 王颖冲,王克非.中文小说英译的译者工作模式分析.外国语文,2013(2):120.

年之后的译者则是南俄勒冈大学荣退的中国历史教授葛凯伦(Karen Gernant)和福建师范大学的陈泽平(Chen Zeping)。

长期合作者具有较高的默契程度,沟通便利,往往互相审校和修改译文,正如林丽君所说:“我们翻译中文小说,一般我先翻译第一稿,之后让他来改,改完之后我再读一遍,等到我们都满意之后才发给出版社。”①这种日常化、碎片化的合作方式令最终成果难分彼此,合作者之间也未曾计较。

还有一部分合译的案例中,各方的双语能力和工作内容分化较大。第一种情况下,其中一位合译者不懂中文或略通一二,只负责修订和润色译文。例如,王小波的英文版小说集(*Wang in Love and Bondage: Three Novellas by Wang Xiaobo*,2007)的译者杰森·索默(Jason Sommer)就不懂中文,主要负责润色张洪凌(Holing Zhang)的译文,提供一种地道的英文表达。后来他们又沿用这一模式,合译了铁凝的长篇《大浴女》(*The Bathing Women: A Novel*,2012)。反过来的还有一种情况,那就是英语母语者翻译,中文母语者来校对,就像齐邦媛在接受访谈时所说的:

> 我觉得英文为母语的native speaker译者来翻译,作为“翻译者”Translator比较合适,但是必须有一个以中文为母语,英文也好的人来做校订编辑Reader。最后翻译者和校订编辑要互相妥协,我作为主编,最后也要加入意见。[……]有时候翻译者、校正编辑会起争执,争得很厉害,不过很有意思。②

的确,现在的翻译出版过程还融入了多方的意见和努力,包括作者、编辑在内的人员都可能参与到译文编校的过程中。即便译者个体的母语较为明确,译作整体的翻译方向仍可能难以确定,单纯从译者署名及其排名先后无法判断小说是“译入”还是“译出”。

---

① 林丽君,王美芳.多即是好——当代中国文学阅读与翻译.当代作家评论,2014(3):195.

② 齐邦媛.潭深无波《巨流河》.东方早报,2013-03-15(B01).

不同母语背景的译者合译同一部作品，不是“1+1=2”式的简单叠加，其重要意义在于发挥各自的母语优势，全面把握原作的风格和语言文化难点，又能让译文行文地道，无损其文学性。随着合译案例的增多，我们可以看到，不仅仅是小说文本在经历一次跨越语言、文化和国别边界的行旅，“译者”“母语”等原本不言自明的概念也在跨越边界，不再是单一的、固定的。这样的合作有望平衡源语文化和目标语文化的需求，在忠实性和可读性之间寻求最佳点，巧妙地避开“译入母语”才是有效翻译的批评。

第四节　中国当代小说英译的出版媒介发展

20 世纪是传统媒体蓬勃发展的时代，从书籍、报刊，到广播、影视，都在改变着人们接收信息的方式。而近年来，随着新媒体的诞生，信息渠道日益多样化，尤其是移动互联网的发展带来了巨大变革。同样的，小说文本不仅通过翻译跨越国家、民族、语言和文化的边界，也在不同的平台和媒介上传播，以各自的方式实现文学和文化“走出去”。不管在哪一个时代，文学翻译出版物都不是孤立存在的纸质印刷品，因此中国当代文学的英译出版与其他媒介的交互也值得关注。

一、从文学英译期刊到图书译介出版

目前，中国当代文学对外传播的主要载体是图书，但其大规模的英译活动却发源于文学期刊。不管是 20 世纪五六十年代外文出版社英译的当代小说，还是后来八九十年代的“熊猫丛书”，都离不开 1951 年创刊的《中国文学》。最初几年，《中国文学》编者将过去 30 年中杂志刊载过的中短篇作品辑录成册。[①] 后来为了扩大规模和影响，开始专门组织人翻译未曾翻译发表过的作品。这些单行本在选材主题和思路上与同时代的期刊一脉相承，有些小说在期刊里只登载了节选，而单行本则出了全译或进行

① 戴延年，陈日浓. 中国外文局五十年大事记(一). 北京：新星出版社，1999.

了修订。个别先成书的小说，之后也刊印了文摘在《中国文学》上。这类作品占同期外文出版社译介的当代小说单行本的半数以上(见表 4.5)。

表 4.5 当代小说英译单行本(1951—1965)在《中国文学》上的刊载情况

作者	原作	译作	译者	原作年份	译本年份	CL 刊载时间
高玉宝	《童工》	*Child Labour*	Hsu Kuang-yu (adapted)	1953	1954	1972(6)
刘白羽	《火光在前》	*Flames Ahead*	未注明	1950	1954	1954(3)
柳青	《铜墙铁壁》	*Wall of Bronze*	Sidney Shapiro	1951	1954	1954(2)
陈登科	《活人塘》	*Living Hell*	Sidney Shapiro	1951	1955	1951(1)
徐光耀	《平原烈火》	*The Plains are Ablaze*	Sidney Shapiro	1950	1955	1955(2)
高玉宝	《我要读书》	*I Wanted to Go to School*	Hsu Kuang-yu (adapted)	1953	1957	1972(6)
杨朔	《三千里江山》	*A Thousand Miles of Lovely Land*	Yuan Kejia	1953	1957	1956(3)
赵树理	《三里湾》	*Sanliwan Village*	Gladys Yang	1955	1957	1957(3)
杜鹏程	《保卫延安》	*Defend Yenan*	Sidney Shapiro	1954	1958	1956(1)
袁静、孔厥	《新儿女英雄传》	*Daughters and Sons*	Sidney Shapiro	1949	1958	1951(1)
高云览	《小城春秋》	*Annals of a Provincial Town*	Sidney Shapiro	1956	1959	1958(3)
张天翼	《宝葫芦的秘密》	*Magic Gourd*	Gladys Yang	1958	1959	1959(6)
高玉宝	《高玉宝》	*My Childhood*	未注明	1959	1960	1972(6)
梁斌	《红旗谱》	*Keep the Red Flag Flying*	Gladys Yang	1957	1961	1959(1)(2)(3)(4)(5)
陆柱国	《上甘岭》	*The Battle of Sangkumryung*	Andrew M. Condron	1953	1961	1960(9)
马烽	《太阳刚刚出山》	*The Sun Has Risen*	未注明	1959	1961	1960(2)

续表

作者	原作	译作	译者	原作年份	译本年份	CL 刊载时间
吴强	《红日》	*Red Sun*	Archie C. Barnes	1957	1961	1960(7)
杨朔	《雪花飘飘》	*Snowflakes*	未注明	1956	1961	1963(10)
周立波	《山乡巨变》	*Great Changes in a Mountain Village, vol. 1*	Derek Bryan	1958—1960	1961	1959(10)
李准	《不能走那条路》	*Not That Road and Other Stories*	未注明	1954	1962	1961(1)
曲波	《林海雪原》	*Tracks in the Snowy Forest*	Sidney Shapiro	1957	1962	1958(6)
周而复	《上海的早晨》	*Morning in Shanghai*	Archie C. Barnes	1958—1979	1962	1962(3)
柳青	《创业史》	*The Builders* (*Builders of a New Life*)	Sidney Shapiro	1959	1964	1960(10)(11) (12); 1961(10); 1964(2)(3)

许多小说的节选同年曾刊载于《中国文学》,《红旗谱》和《创业史》还曾于此刊连载。只有《高玉宝》是个例外,编译者截取若干经典章节,出版为几部单行本和插图本,多次再版和重印后才将其收录于杂志。最早节选出版的是《童工》,1955 年、1956 年和 1963 年分别由外文出版社再版,译名改为 *Kao's Boyhood*(高玉宝的童年),还通过中国书刊公司(China Books & Periodicals)在芝加哥发行。1957 年出版的《我要读书》于 1962 年和 1964 年再版,1960 年的《高玉宝》也于 1975 年再版,译名改为 *Gao Youbao: Story of a Poor Peasant Boy*,不过译文最初收录于 1954 年外文出版社出版的中国当代短篇小说集《登记及其他》(*Registration and Other Stories by Contemporary Chinese Writers*),篇名为"I Want to Study"。由此看来该书颇受欢迎。1972 年,其节选《我的童年》("My childhood")又重印于《中国文学》第 6 期。由于译者群体和出版资源的局

限性，英译图书和期刊常常出自同一班人之手，只不过是经由不同的平台走向读者。因此，译本出版的数量受到《中国文学》的出刊频次和编辑方针的影响。

如果说“熊猫丛书”是源于《中国文学》的，那么“译丛文库”系列也是从《译丛》杂志发展而来的。1973 年创刊后，该杂志催生了 1976 年的“译丛文库”精装系列和“译丛文库”平装系列。期刊与图书共享了稿源，一些节选后来发展为全译，以单行本出版。特刊《当代女作家》(*Contemporary Women Writers*, No. 27 & No. 28)和《香港文学》(*Special Issues: Hong Kong*, No. 29 & No. 30)里的部分短篇小说则结集成册，成为平装系列的两大主题①。

台湾地区出版的中国当代小说英译本不算太多，但在期刊建设方面不遗余力，而且集中力推本地作品，希望英语世界的读者能透过这些文学作品了解台湾的社会和文化发展现状。有两种比较知名的期刊。其一是笔会的英文季刊《当代台湾文学英译》，创刊于 1972 年，1997 年开始收录的作品会附上中文原文，可供双语读者和研究者比照。期刊图文并茂，地域色彩浓厚，包括封面和插图也是用的台湾画家、艺术家的作品。殷张兰熙、齐邦媛等知名翻译家曾先后担任杂志主编。另一种是《台湾文学英译丛刊》，1996 年创刊，由杜国清(Kuo-ch'ing Tu)和罗伯特·巴克斯(Robert Backus)担任主编。同一批译者也在海外出版了当代小说的英译本，而这与他们为期刊担任翻译、编辑的经历是密不可分的。例如，《当代台湾文学英译》的主编齐邦媛与当时哥伦比亚大学的王德威合作出版过一套“台湾现代华语文学”，部分过刊译文成了素材，例如郑清文的《三脚马》(*Three-Legged Horse*, 2000)、《最后的黄埔：老兵与离散的故事》(*The Last of the Whampoa Breed: Stories of the Chinese Diaspora*, 2003)等。② 那套丛书里的许多译者都曾为台湾地区的两种文学英译期刊服务，

---

① 王颖冲. 从“译丛文库”特色看译者身份认同. 山东外语教学，2015(4)：101-108.

② 梁欣荣，项人慧. 打开台湾文学的世界视窗. 编译论丛，2011(2)：216-217.

如吴敏嘉(Mitchell Min-chia Wu)翻译了萧丽红的《千江有水千江月》(*A Thousand Moons on a Thousand Rivers*,2000)。[①] 除了与哥伦比亚大学合作,台湾地区还曾与美国加州大学圣塔芭芭拉分校台湾研究中心合作出版了"台湾作家英译系列",收录了郑清文的《玉兰花》(*Magnolia: Stories of Taiwanese Women*,2005)等作品,而该研究中心正是《台湾文学英译丛刊》的出版方。

21世纪以后,文学英译期刊建设和图书译介出版之间的关系依然密不可分。2011年,《人民文学》发布了英文版——《路灯》,成为中国当代文学走向世界的又一盏路灯。它由外文出版社出版,但选稿和翻译的自由度较之前的《中国文学》更高。陶建、韩斌、刘欣(Alice Liu)等目前活跃在一线的优秀国内外译者都在上面发表译作。所选篇目除了格非、铁凝、迟子建等主流作家的作品,也有葛亮、徐则臣、盛可以、张悦然等年轻一辈的作品,风格趋向多样化。除此之外,学术性较强的《今日中国文学》和《天南》(*Chutzpah!*)也是类似的载体,由俄克拉荷马大学出版社主持。[②]《天南》虽然于2014年停刊,但《今日中国文学》目前发行状况良好,还推出了自己的书系"今日中国文学丛书"(Chinese Literature Today Book Series),已经出版的当代小说英译本包括莫言的《檀香刑》(*Sandalwood Death: A Novel*,2012)、贾平凹的《废都》(*Ruined City: A Novel*,2016)、东西的《后悔录》(*Record of Regret*,2018)、李洱的《花腔》(*Coloratura*,2019)、小说集《天南:中国新声音》(*Chutzpah! New Voices from China*,2015)和中篇小说集《在河边》(*By the River: Seven Contemporary Chinese Novellas*,2016)等。

文学期刊的时效性与节奏性是图书所不具备的。例如,中短篇小说的翻译时间较短,投稿后能够在较短的时间内见刊,但由于无法单独成

---

① 齐邦媛.潭深无波《巨流河》.东方早报,2013-03-15(B01).

② 罗福林,王岫庐.当代中国文学在英文世界的译介——三本杂志和一部中篇小说集.花城,2017(3):204-205.

书，又限于图书出版的规范流程，组稿成书往往需要较长的周期。日后我们也应该充分利用期刊的素材和人力资源，以它充当文学对外传播的“先头部队”，试水目标语市场，并在适当时机精选其中的短篇结集出版，或将刊发过的长篇小说节译，然后推出全译本。

二、从纸面到荧幕的跨界旅行

随着影音技术和互联网技术的普及，图书出版行业面临巨大的挑战，这并非翻译文学或是文学作品特有的窘境，而与人类的生活方式和接受信息方式的变化有极大关系。国外了解中国的途径大大增加，不同的话语模式对视觉、听觉、触觉等感官形成刺激，人们也可以直接来到中国亲身感受，而阅读文学作品只是其中一种模式。中国文学的译介是一种跨界的旅行，向域外读者呈现中国文学的特色与价值，也为世界文学的交流与繁荣做出贡献。在全球化、数字化时代，这种“跨界”不仅包括跨越国家、民族和语言的界限，也包括超越文字的界限，注重文字与其他符号系统的融合。

文学出版与影视作品之间的关系是互相阐发、互为补充，这种错综复杂而微妙的关系让二者既是共生的，又是竞争的。许多影视作品都改编自文学作品，尤其是小说，二者都是反映现实生活与人类内心世界的媒介。但它们着力表现的内容不可能完全重叠，一部短篇小说也可能被拍成一部完整的电影，而长篇小说中也许只截取了部分内容来拍摄，同时电影也常常进行改编和再创作，增加原书中没有的人物和情节。一方面，影视作品兼具了文字、戏剧、音乐、舞蹈、美术等不同的艺术形式，又运用了摄影、剪辑等多种科技手段，容易利用其声画效果夺走一部分阅读受众，因为小说一般只是以文字为媒介来与读者对话，配有少量的插图，信息传播的渠道较为有限和平面化。但另一方面，影视作品善于抓住核心矛盾冲突，将故事情节浓缩化，易于快速传播和全球化推广，也吸引了一部分人观影后又回过头来阅读小说原著。

由当代小说改编的中国电影很多，例如 20 世纪 60—80 年代的《红旗谱》《暴风骤雨》《小兵张嘎》《红日》《艳阳天》《高山下的花环》《芙蓉镇》《老井》等都拍成了电影。但是这些影视作品并未走国际化路线，与小说译介出版之间也几乎没有联系。中国电影“走出去”的开端可能始于 20 世纪 80 年代末，那时涌现了张艺谋执导的《红高粱》(1987)、《菊豆》(1990，改编自《伏羲，伏羲》)、《大红灯笼高高挂》(1991，改编自《妻妾成群》)，陈凯歌执导的《霸王别姬》(1993)等一批富有民族地域特色、面向国际市场的影视作品，参加了国际电影节和评奖，令世界瞩目。90 年代初出版的一些英译小说利用了电影在海外打下的市场基础，封面设计沿用了电影海报和剧照，包括刘恒的《伏羲，伏羲》(*The Obsessed*，1991)、莫言的《红高粱家族》(*Red Sorghum: A Novel of China*，1993)、苏童的《妻妾成群》(*Raise the Red Lantern: Three Novellas*，1993)和李碧华的《霸王别姬》(*Farewell to My Concubine: A Novel*，1993)等，而巩俐恐怕是在中国当代小说英译本封面里出镜频率最高的人物(见图 4.4)。

影视作品先声夺人，让后续出版的英译图书有了一定的市场基础，让它们在海外传播与接受方面成为同期译本中的佼佼者。例如，1993 年出版的《霸王别姬》英译本在亚马逊购书网站上有 17 条评论，在书评网站 Goodreads 上有 416 次评分和 24 条评论；《红高粱家族》英译本在亚马逊上有 79 条评论，在 Goodreads 上有 4681 次评分和 594 条评论；《妻妾成群》英译本在亚马逊上有 14 条评论，在 Goodreads 上有 1959 次评分和 199 条评论。[①]《妻妾成群》的英译本还沿用了电影名《大红灯笼高高挂》。和同期出版的英语文学作品相比，这样的关注度也许不算什么，但在 1993 年出版的 17 部中国当代小说英译单行本里，它们占据了前三位，并远远超过了排在第四的《雪山飞狐》(*Fox Volant of the Snowy Mountain*，1993，亚马逊评论数为 7 条，Goodreads 评分 416 次、评论 24 条)。这些图

---

① 数据采集时间为 2020 年 2 月 1 日，网站为 www.amazon.com 和 www.goodreads.com.

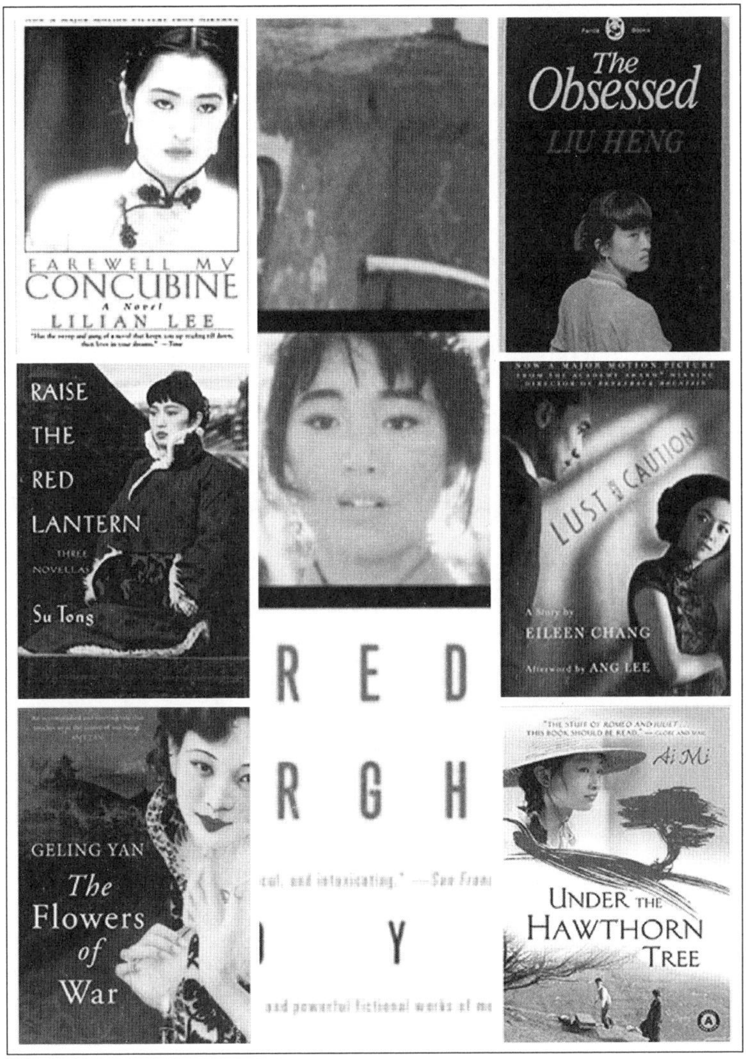

图 4.4　部分以电影剧照为封面的中国当代小说英译本①

书推出了精装本和平装本，在国外的馆藏中，《红高粱家族》的英译本在2009 年时已经有两万册左右，虽然是历年累计的数字，但对于翻译文学来

① 图书封面照片源自亚马逊购书网站 www.amazon.com.

说仍是相当不错的数据。①

2000 年后,借着电影在全球上映的势头推出小说英译本的案例也有若干。2007 年,李安执导的《色 · 戒》热映,蓝诗玲翻译的英译本也几乎同步出版,还入选了“企鹅现代经典”(Penguin Modern Classics),企鹅出版社的版本(*Lust, Caution: And Other Stories*,2007)和安克尔图书公司(Anchor Books)的版本(*Lust, Caution: The Story*,2007)都使用了电影剧照作为封面。类似的例子还有严歌苓的《金陵十三钗》(*The Flowers of War*,2012)、艾米的《山楂树之恋》(*Under the Hawthorn Tree*,2011)等。近年来,电影“走出去”对文学翻译出版的推动力总体未能达到 20 世纪 90 年代初的力度,不过,一些译本自身已经积累了一定的声誉,无须借力影视作品来扩大传播,而是为后续诞生的影视作品助推,例如《狼图腾》(*Wolf Totem*,2008)、《我不是潘金莲》(*I Did Not Kill My Husband*, 2014)、刘慈欣的《三体》(*The Three-Body Problem*,2014)等,构成了译作出版与影视传播之间一种新的助力模式。

三、从“线下”走向“线上”的译介出版

自 20 世纪 90 年代,计算机和网络技术迅猛发展,如今已成为最具潜力的媒介。中国当代小说的译介出版顺应时势,除了走上荧幕,也逐步朝线上发展,开拓传播渠道。亚马逊 2007 年发布了第一代 Kindle 电子阅读器,之后已经有一百多部中国当代小说的英译走向“线上”,这一数字还在不断上升。②

中国当代小说英译本中,目前有 220 多部单行本和 17 部小说集推出了 Kindle 电子书。Kindle 阅读器普及之前,只有一小部分根据原来的纸质版新推出了电子书,电子化率不足 10%,其中 2000 年以前的电子化率只有 3.5%(见表 4.6)。

---

① 季进. 我译故我在——葛浩文访谈录. 当代作家评论,2009(6):47.

② 王颖冲. 中文小说英译研究. 北京:外语教学与研究出版社,2018:156.

表 4.6　2007 年以前出版的中国当代小说英译本电子化的情况

作家	原作	译作	纸质版	电子书
聂华苓	《桑青与桃红》	*Mulberry and Peach: Two Women of China*	1981	2011
王若望	《饥饿三部曲》	*Hunger Trilogy*	1991	2015
金庸	《雪山飞狐》	*Fox Volant of the Snowy Mountain*	1993	2013
莫言	《红高粱家族》	*Red Sorghum: A Novel of China*	1993	2012
莫言	《天堂蒜薹之歌》	*The Garlic Ballads*	1995	2012
残雪	《绣花鞋的故事》	*The Embroidered Shoes: Stories*	1997	2015
王祯和	《玫瑰玫瑰我爱你》	*Rose, Rose, I Love You*	1998	2014
白先勇	《台北人》	*Taipei People*	2000	2019
莫言	《酒国》	*Republic of Wine*	2000	2012
黄春明	《苹果的滋味》	*The Taste of Apples*	2001	2010
李乔	《寒夜》	*Wintry Night*	2001	2012
马建	《红尘》	*Red Dust: A Path Through China*	2001	2007
莫言	《师傅越来越幽默》	*Shifu, You'll Do Anything for a Laugh*	2001	2012
卫慧	《上海宝贝》	*Shanghai Baby*	2001	2012
阿来	《尘埃落定》	*Red Poppies: A Novel*	2002	2017
虹影	《K》	*K: The Art of Love*	2002	2013
李永平	《吉陵春秋》	*Retribution: The Jiling Chronicles*	2003	2010
棉棉	《糖》	*Candy*	2003	2008
余华	《活着》	*To Live*	2003	2007
余华	《许三观卖血记》	*Chronicle of a Blood Merchant*	2003	2007
张系国	《城三部曲》	*The City Trilogy: Five Jade Disks, Defenders of the Dragon City, and Tale of a Feather*	2003	2012
陈染	《私人生活》	*A Private Life*	2004	2014
春树	《北京娃娃》	*Beijing Doll: A Novel*	2004	2004
马建	《拉面者》	*The Noodle Maker*	2004	2013

续表

作家	原作	译作	纸质版	电子书
莫言	《丰乳肥臀》	*Big Breasts and Wide Hips*	2004	2011
施叔青	《香港三部曲》	*City of the Queen*	2005	2005
苏童	《我的帝王生涯》	*My Life as Emperor*	2005	2011
卫慧	《我的禅》	*Marrying Buddha*	2005	2012
平路	《行道天涯》	*Love and Revolution*	2006	2013

编者	小说集	纸质版	电子书
Ann Carter; Chang, Sung-sheng Yvonne	*Bamboo Shoots After Rain: Contemporary Stories by Women Writers of Taiwan*	1990	2011
Michael Duke	*Worlds of Modern Chinese Fiction*	1991	2015
Howard Goldblatt	*Chairman Mao Would Not Be Amused*	1995	2007
Wang Jing	*China's Avant-Garde Fiction: An Anthology*	1998	1998
Patricia Sieber	*Red Is Not the Only Color: Contemporary Chinese Fiction on Love and Sex Between Women, Collected Stories*	2001	2011
Pang-yuan Chi; David Der-wei Wang	*The Last of the Whampoa Breed: Stories of the Chinese Diaspora*	2003	2012

上述译本的出版时间和电子化的时间有一段距离。它们中的一部分出自英语世界有较高知名度的作家之手，包括诺贝尔文学奖获奖者莫言(5 部)，以及余华(2 部)、阿来、苏童、白先勇等；一部分出自意识形态方面争议较大的作家之手，包括马建(2 部)、艾蓓等；还有一些出自富有特色的当代女作家之手，如卫慧(2 部)、棉棉、残雪、陈染等。

随着 Kindle 阅读器的诞生与普及，中国当代小说英译的电子书总体呈上升趋势，并在 2012 年达到一个高峰，这与“诺奖效应”不无关系，此后年均出版量基本保持在 20 部左右(见图 4.5)。2007 年以降英译的作品中,除了 Better Link Press 出版的“21 世纪中国当代文学书库”,绝大多数都推出了 Kindle 版,电子化率超过三分之二,不过小说集的电子版还比较少。2010 年以后,电子书和纸质书的出版基本实现并行,让全球同步阅读成为可能,电子书的出版数量在 2012 年后维持在较高水平。尤其是一些流行文学大受欢迎,电子转化率极高,例如雷米的犯罪心理小说《画像》《教化场》《暗河》,刘慈欣的科幻小说《三体》三部曲、《流浪地球》,徐磊的悬疑探险小说《盗墓笔记》和《大漠苍狼》系列,天下霸唱的《鬼吹灯》,金庸的《射雕英雄传》系列,曹文轩的儿童文学作品《青铜葵花》《凤鸽儿》《火桂花》《灰娃的高地》《白雪马儿》等。

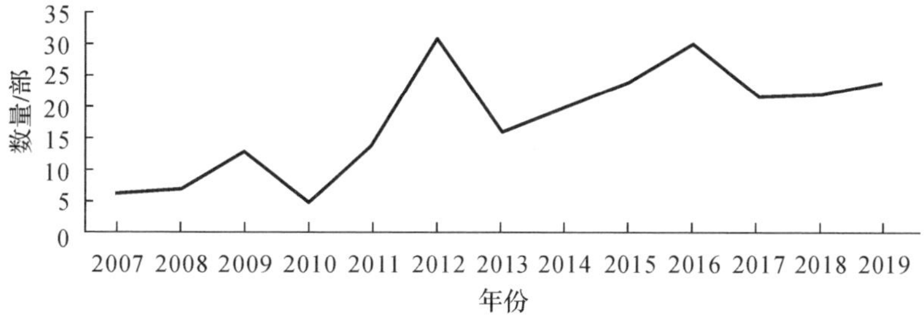

图 4.5 中国当代小说英译电子书出版趋势①

线上化趋势发展至今,一些英译小说的电子书甚至会先于纸质版出版。例如莫言的《透明的红萝卜》2015 年由 Penguin eBooks 出版为电子书,次年才出了纸质版,作为“企鹅特刊系列”(Penguin Specials)的一册。该系列中,畀愚的《邮递员》(*The Postman*)、哲贵的《跑路》(*Fleeing Xinhe Street*)和王手的《斧头剁了自己的柄》(*The Debt Collector*)也都于 2019 年出了电子书,但纸质版 2020 年才出版。刘慈欣的短篇小说集《流浪地球》(*The Wandering Earth*)在 2016 年由英国的独立出版社 Head of Zeus 推出了电子书,而目前该书尚未有纸质版发行。可以预计的是,未来

① 其中部分译本在 www.amazon.com 和 www.worldcat.org 上所列的电子书出版年份早于 2007 年,疑有误,未纳入统计。

可能会有更多的作品率先通过线上平台走向世界。

2000年以后出版的中国当代文学作品里，有的还推出了有声书(audible)，可以直接下载到手机或其他移动播放器。有声书最初是面向视力障碍人群的，但现代生活方式的改变使得一些人无暇专注阅读，又希望利用碎片时间来读书，有声书的功能恰好满足了他们的需求。人们无须携带纸质书和电子阅读器，也省去了用眼。目前已有40多部中国当代小说的英译本推出了有声书(见表4.7)。

表4.7 中国当代小说英译单行本的有声书

作者	原作	译作	纸质版年份
莫言	《红高粱家族》	*Red Sorghum: A Novel of China*	1993
莫言	《天堂蒜薹之歌》	*The Garlic Ballads*	1995
莫言	《酒国》	*Republic of Wine*	2000
莫言	《师傅越来越幽默》	*Shifu, You'll Do Anything for a Laugh*	2001
阿来	《尘埃落定》	*Red Poppies: A Novel*	2002
莫言	《丰乳肥臀》	*Big Breasts and Wide Hips*	2004
张爱玲	《色·戒》	*Lust, Caution: The Story*	2007
姜戎	《狼图腾》	*Wolf Totem*	2008
莫言	《生死疲劳》	*Life and Death Are Wearing Me Out: A Novel*	2008
王刚	《英格力士》	*English: A Novel*	2009
余华	《兄弟》	*Brothers: A Novel*	2009
陈冠中	《盛世》	*The Fat Years*	2011
林哲	《外婆的古城》	*Old Town*	2011
严歌苓	《金陵十三钗》	*The Flowers of War*	2012
阎连科	《受活》	*Lenin's Kisses*	2012
高建群	《统万城》	*Tongwan City: A Novel*	2013
徐磊	《大漠苍狼·绝地勘探》	*Search for the Buried Bomber (Dark Prospects)*	2013

续表

作者	原作	译作	纸质版年份
残雪	《最后的情人》	*The Last Lover*	2014
刘慈欣	《三体》	*The Three-Body Problem*	2014
刘震云	《我不是潘金莲》	*I Did Not Kill My Husband*	2014
麦家	《解密》	*Decoded: A Novel*	2014
莫言	《蛙》	*Frog: A Novel*	2014
曹文轩	《青铜葵花》	*Bronze and Sunflower*	2015
刘慈欣	《三体 2:黑暗森林》	*The Dark Forest*	2015
刘震云	《我叫刘跃进》	*The Cook, the Crook, and the Real Estate Tycoon: A Novel of Contemporary China*	2015
阎连科	《四书》	*Four Books*	2015
李潼	《再见天人菊》	*Again I See the Gaillardias*	2016
刘慈欣	《三体 3:死神永生》	*Death's End*	2016
贾平凹	《高兴》	*Happy Dreams*	2017
邱妙津	《鳄鱼手记》	*Notes of a Crocodile*	2017
周浩晖	《摄魂谷》	*Valley of Terror*	2017
残雪	《新世纪爱情故事》	*Love in the New Millennium*	2018
侧侧轻寒	《簪中录》	*The Golden Hairpin*	2018
金庸	《射雕英雄传(第一部)》	*A Hero Born*	2018
阎连科	《日熄》	*The Day the Sun Died*	2018
余华	《四月三日事件》	*The April 3rd Incident*	2018
周浩晖	《死亡通知单》	*Death Notice*	2018
宝树	《三体 X:观想之宙》	*The Redemption of Time*	2019
陈楸帆	《荒潮》	*The Waste Tide*	2019
蒋子龙	《农民帝国》	*Empire of Dust*	2019

续表

作者	原作	译作	纸质版年份
金庸	《射雕英雄传(第二部)》	*Legends of the Condor Heroes 2: A Bond Undone*	2019
路遥	《人生》	*Life*	2019
王安忆	《富萍》	*Fu-Ping*	2019

2012 年之前出版的译本中,制作成有声书的基本都是名家名作,尤其是获得国内外大奖的作家。而此后的约有一半属于大众读者所热衷的类型文学,包括言情、武侠、科幻、悬疑、推理文学等。它们以跌宕起伏、环环相扣的情节吸引受众,主要线索集中,适合以音频模式呈现。朗读者或配音演员的声情并茂、分角饰演,加上配乐和后期,也能塑造人物、烘托气氛,一定程度上起到了影视作品的声音效果。有声书将文字模态转化为声音模态,让人能够在通勤、工作、居家劳动的同时收听图书,较为轻松地接触文学作品,顺应并改变着人们接收讯息的方式。

除了 Kindle 电子书译本的显著增加,英译文学网站、公众号等新兴传播平台的崛起也印证了中国当代小说“线上化”的趋势。例如,“武侠世界”就是由网友自发建立的小说翻译网站,翻译的对象是新近的武侠、仙侠、玄幻、奇幻文学,现有的译者也都是国内外的武侠“粉丝”。这类作品的原文有的也只是在网络上流传,还未及出版成书就直接在线上转化为英文的在线小说。“纸托邦”网站也抓住了在线阅读及时、便捷、互动、碎片化的特征,不仅发布书展、讲座、评奖、译作、访谈的新闻,还充当了一个开放迅捷的社交平台。2007 年“武侠世界”创建以来,翻译爱好者就在上面发布自己的译文片段,有时会几人各自发布同一段小说节选的译文,借此切磋技艺和理念。用户也可以通过邮件联络到供稿人,交流经验,评析译文。线上平台趋向多元化、年轻化,不但善于挖掘新人新作、及时分享译文,还和出版经纪、出版社积极联络。有的译作率先在网络上宣传和发行,这或将助推中国文学译本走向大众阅读的时代。

随着移动终端的普及，这些网站也在不断发展出衍生品。“纸托邦”于 2015 年增设了“纸托邦短读”计划，次年设立微信公众号，不定期发布短篇译文。[①] “武侠世界”于 2020 年推出了手机 APP，实现掌上阅读，方便粉丝及时追随连载更新。种种迹象表明，数字人文与电子出版是中国当代小说英译出版走向市场化的标志之一，它让文学译介进一步打破了语言、疆域和媒介的界限。我们需要尽快提高数字出版的技术，为中国当代小说的国际传播注入能量，以更高效迅捷、喜闻乐见的方式“传播中国声音，讲好中国故事，展示中国形象”。

① 王颖冲. 中文小说英译研究. 北京：外语教学与研究出版社，2018：133.

第五章　中国当代小说英译出版的现状与问题

文学和文化的"走出去"在过去 70 多年中蓬勃发展,尤其是 2011 年起,中国的翻译服务重心开始转向中译外,2013 年年底中译外的数量显著高于外译中。① 这里面也包含了文学作品的版权出口增长,中国文学英译的海外关注度大大提升。但是我们目前仍面临诸多问题,涉及译介对象、主体、模式与渠道等多个方面。本章我们将基于现状来探讨英译出版过程中所面临的问题,并提出针对性建议,从而探索译介传播的恰当策略,提高中国文学在海外的影响力。

第一节　英译出版的对象

通过对中国当代小说英译出版历程的梳理,我们可以发现译介总量仍显不足,部分重要作品尚无英译,所译作品的主题分类和地域分布也有待平衡发展。根据我们的统计,1949 年至 2019 年间共英译出版了约 300 位作家的单行本或个人选集,共计约 582 部。② 这里面既有享有盛誉的名

---

① 魏哲哲.中译外,升温不意外.人民日报,2015-05-11(12).

② 其中 4 部为 2 人合著:袁静、孔厥的《新儿女英雄传》(*Daughters and Sons*,1952);罗广斌、杨益言的《红岩》(*Red Crag*,1978);孙力、余小惠的《都市风流》(*Metropolis*,1992);杨仕、岳南的《风雪定陵》(*The Dead Suffered Too: The Excavation of a Ming Tomb*,1996)。

家，也有晚近崭露头角的新人；既有严肃文学，也有流行小说，包括网络小说等新兴媒介的产物通过传统纸媒出版成书；既有大部头的长篇，也有中短篇集、微小说集等。另有小说集约 175 部，收录的作家更为丰富，为了介绍更多的作家和作品，有的编者会有意识地收录之前没有翻译的篇章。

有 5 部及以上小说(集)被英译出版的作家共有 21 人。其中莫言是被译介次数最多的，共 13 部，其他英译较多的当代小说家包括：残雪(9 部)、贾平凹(9 部)、苏童(9 部)、王安忆(9 部)、金庸(8 部)、余华(8 部)、徐磊(8 部)、阎连科(8 部)、曹文轩(7 部)、虹影(7 部)、刘震云(7 部)、王蒙(7 部)、马建(5 部)、迟子建(5 部)、冯骥才(5 部)、刘慈欣(5 部)、刘恒(5 部)、铁凝(5 部)、张贤亮(5 部)、张洁(5 部)、张爱玲(1 部)。上述 22 位作家的作品共出版了 137 部，约占单行本总数的四分之一。

莫言是中国当代著名的作家，曾获得国内外多项文学大奖，并于 2012 年 10 月获得诺贝尔文学奖。能赢得国际文坛的关注和青睐，与各国翻译之功密不可分。迄今出版的 13 部英译本中，葛浩文译了 12 部，他被媒体称为“莫言唯一首席接生婆”。但他并不是最早将莫言小说译入英语的人：早在 1991 年，香港中文大学翻译研究中心就出版了《爆炸》，收录了莫言的 6 则短篇小说，由 Janice Wickeri 和 Duncan Hewitt 翻译。作为“译丛文库”平装系列中的一册，该书向英语世界的读者展现了一个基于中国普通人现实生活、却充满想象力的世界。尽管篇幅短小，发行地也有局限性，但译本在学术界引发了良好的反响，《今日世界文学》(*World Literature Today*)、《中国文学》和《澳大利亚中国问题杂志》*The Australian Journal of Chinese Affairs*)都给予了很高的评价。其中前两家刊物可能是国外中国文学评论研究方面最重要的两家。莫言的第二部英译本《红高粱家族》由著名的商业出版社维京出版社推出，大胆的原乡想象和实验性的创作手法将“高密东北乡”写入了世界文学的版图。1988 年，改编自同名中篇小说的电影《红高粱》获得柏林电影节金熊奖，为译本的海外传播积累了一定的资本。著名汉学家金介甫在《今日世界文学》发表书评，盛赞葛浩文精彩的翻译比张艺谋的电影更有意思。① 1993 年该小说被《今日世界文学》评为年度最佳小说。此后，莫言最为重要的小说都陆续英译出版，尤其是获得诺奖之后，《四十一炮》《檀香刑》和《蛙》的译本在很短的时间内问世。海外书评不断，还出了莫言小说研究的英文论文集，如 2014 年普渡大学出版社(Purdue University Press)出版的《语境中的莫言：诺贝尔奖得主和全球说书人》(*Mo Yan in Context: Nobel Laureate and Global Storyteller*)等。

英译次数最多的前 21 位作家中，约有一半是当代中国文坛的扛鼎者，但还有一些作家一度与主流文学圈疏离，后来又被主流文坛所接纳和褒奖。例如，学界对张爱玲作品的评价褒贬不一，但夏志清给予了极高的赞誉②，其作品在海外的关注度较高。残雪曾被归为先锋派，文字个性鲜明，作家本人也性格直率，对中国文坛提出犀利抨击。③ 残雪的作品译介广泛，入选国外高校的阅读材料，知名度很高，但在 2019 年她获得诺贝尔文学奖提名之前，许多中国读者却不太熟悉这个名字。

除此之外，有三类译作的增长趋势值得关注，它们反映了英语世界大众读者的阅读偏好。葛浩文点名列数了美国人喜爱的三种类型的小说："一种是 sex(性爱)多一点的，第二种是 politics(政治)多一点的，还有一种侦探小说，像裘小龙的小说据说卖得不坏。其他一些比较深刻的作品，就比较难卖得动。"④

关于第一类作品，德国汉学家顾彬持负面态度，认为它们缺乏诗性，是被市场腐蚀的文学，甚至认为"有的中国当代文学是垃圾"⑤，引发了持

---

① Kinkley, J. Review: *Red Sorghum: A Novel of China* by Mo Yan; Howard, G. *World Literature Today*, 1994(2):428.

② Hsia. C. T. *A History of Modern Chinese Fiction 1917—1957*. New Haven: Yale University Press, 1961.

③ 残雪. 残雪文学观. 桂林：广西师范大学出版社，2007.

④ 季进. 我译故我在——葛浩文访谈录. 当代作家评论，2009(6):46-47.

⑤ 顾彬. 我们的声音在哪里？——找寻"自我"的中国作家. 扬子江评论，2009(2):13-15.

久的争议。他在2010年凤凰卫视《锵锵三人行》的访谈中做了澄清，点名批评了虹影、卫慧和棉棉。她们有多达10部小说被英译，国外读者以此来衡量中国当代文学的水平和价值也并不奇怪。顾彬的批评固然只是一家之言，但专家评论对中文小说的海外形象和接受仍然会造成冲击。

第二类作品也在译介出版市场上占据了一席之地。英译次数最多的前22位作家中，有好几位都专注于意识形态上存在争议的题材。他们受到关注主要是因为其作品迎合了英语世界对源语文化的想象，不仅是政治制度方面的，还有对民俗和地域文化中原始、愚昧、残酷的元素的描写与渲染。

第三类作品是流行文学的代表，除葛浩文提到的侦探小说外还有其他类型文学。例如，金庸是通俗文学大师，其古典武侠小说情节曲折，历史意蕴浓厚，在华人世界广受欢迎，《雪山飞狐》很早就由香港中文大学出版了英译本。他的《鹿鼎记》有四个译本，分别是节译本 *The Deer and the Cauldron: The Adventures of a Chinese Tricksters: Two Chapters from a Novel*(1994)，以及三卷本的 *The Deer and the Cauldron: A Martial Arts Novel*(1997,1999,2002)。此外，《书剑恩仇录》的译文最初由晏格文(Graham Earnshaw)发表在网上，后来又由牛津大学出版社出版(*The Book and the Sword*,2004)。不过，武侠小说真正在海外引起广泛关注的还是郝玉青(Anna Holmwood)翻译的《射雕英雄传》(*A Hero Born: Legends of the Condor Heroes*,2018)。次年，香港译者张菁(Gigi Chang)翻译的第二部(*A Bond Undone: Legends of the Condor Heroes*,2019)也反响热烈，两部均已多次重印。郝玉青翻译的第三部(*A Bond Undone: A Snake Lies Waiting*)新近于2020年春出版。徐磊的《盗墓笔记》和《大漠苍狼》系列冒险小说深受国内外读者的喜爱，是2010年以来译介最多的作家之一，《盗墓笔记》的漫画也为其在国外聚集了一批忠实读者。

上述情况反映出中国当代小说英译主题风格多样化的趋势。目前，战争、乡土、女性、儿童文学都形成了自己的译作体系。20世纪90年代起，英译小说中的流行元素萌发，涌现出武侠小说(金庸等)、罪案小说(何家弘、雷米等)、科幻小说(刘慈欣等)、青春小说(慕容雪村等)、悬疑探险小说(徐磊、天下霸唱等)、谍战小说(麦家等),以及植根于网络媒体的微小说(劳马等)。这类作品情节扣人心弦,容易融入英语世界的大众文化圈,而故事背后又有广大的历史文化背景作为支撑,因此我们也可以有意识地助推此类佳作的译介,为其他中国当代小说的传播开路。

但另一方面,我们也需要注意到,所译著作的价值也有高下良莠之分。有的作品因意识形态等问题受到国外译介者的追捧,其文学性也未必能够如实反映中国当代小说的水准。在这样的背景下,更需要培养使命意识,通过文学翻译出版回应英语世界对中国社会的关切,阐释相关问题。我们需要主推优秀作品和当前较少被译介的主题类型,尤其是反映改革开放以来社会生活的作品,以此作为民族精神和文化的载体。同时,需要在读者兴趣和文学自身价值之间保持好平衡。对外传播若一味迎合国外读者,容易形成文化刻板印象,触不到当代中国文学的脉搏,也不利于展示中国形象。

翻译选材不必局限于莫言等已经广获译介的作家的作品,还有许多优秀的小说展现了当代中国社会、人民生活和心态的多面性。佳作尚未翻译的原因很多,包括小说篇幅、翻译难度、版权问题、市场前景的限制等。出版商为了追求利益、满足广大读者的需求,便会忽略一些品味较为小众,但具有长久效益的优秀作品。有的小说翻译好了却没人愿意出,出版社的答复是,不是译作不够好,而是担心卖不出去。① 如能有针对性地资助重要优秀作品的翻译,协调版权事宜,就能适当引导中国当代小说以更好的面貌走向世界,为不同类型的读者群体提供更多选择。目前,还有一些重要的作家和作品有待译介出版,包括往届茅盾文学奖的获奖小说,如路遥的《平凡的世界》、陈忠实的《白鹿原》等。

我们还可以建立起鲜明的地域图景,避免使中国当代小说成为一个抽象而刻板的存在。例如,少数民族文学的译介还不充分,目前出版英译

① 华慧.葛浩文谈中国当代文学在西方.东方早报,2009-04-07(B02).

较多的少数民族作家只有阿来,其短篇小说集《西藏的灵魂》(*Tibetan Soul:Stories*,2002)、长篇小说《尘埃落定》(*Red Poppies:A Novel*,2005)和《格萨尔王》(*The Song of King Gesar*,2013)在海外深受好评,把握住了人与自然、民族与宗教等具有普遍性价值的主题。此外都是零散的译介,例如李乔的《醒了的土地》(*Awakened Land*, 1962)、玛拉沁夫(Malquinhu)的《科尔沁草原的人们》(*On the Horqin Grassland*,1988)、霍达的《穆斯林的葬礼》(*The Jade King:History of a Chinese Muslim Family*,1992)、扎西达娃(Tashi Dawa)的《西藏,系在皮绳结上的魂》(*A Soul in Bondage:Stories from Tibet*,1992;1999 年出版为英汉对照版)、益希单增(Yeshi Tenzin)的《幸存的人》(*The Defiant Ones*,1993)、格日勒其木格(Gerelchimeg Blackcrane)的《黑焰》(*Black Flame*, 2013)、阿拉提·阿斯木(Asem Alat)的《时间悄悄的嘴脸》(*Confessions of a Jade Lord*,2018)、次仁顿珠(Tsering Dondrup)的《英俊和尚及其他小说》(*The Handsome Monk and Other stories*,2019)、帕蒂古丽(Patigül)的《百年血脉》(*Bloodline*,2019)等。译介范围涉及彝族、蒙古族、回族、藏族、维吾尔族的文学,其数量和覆盖面都极为有限,这对于想要全面了解中国各民族风土人情的海外读者来说是巨大的遗憾。

此外,中国当代小说英译中有复译本的作品比较少,这与古典和现代小说的英译情况有很大不同。不管是"四大名著",还是鲁迅、老舍的经典著作,都有多个译本,例如老舍的《骆驼祥子》目前已有 5 个英译本(其中一个已改编成剧本)。反观当代小说,却只有 5 部有复译全译本:阿城的《棋王》(杜博妮译本 *Three Kings:Three Stories from Today's China*, 1990;詹纳尔译本 *Selected Stories by A Cheng*, 1999 与 *The Chess Master*,2005)、刘恒译本《黑的雪》(关大卫译本 *Black Snow*,1991;葛浩文译本 *Black Snow:A Novel of the Beijing Demimonde*,1993)、陆星儿的《啊!青鸟》(唐笙译本 *Oh! Blue Bird*, 1993; Wu Yanting 译本 *Ah! Blue Bird*,2010)、张洁的《沉重的翅膀》(戴乃迭译本 *Leaden Wings*, 1987;葛浩文译本 *Heavy Wings*,1989)。有时,一些译者可能对旧译本不满意,希望通过重译恢复原作的声色[①]。抛开这一因素,优秀的作品本身就值得从不同角度去解读。由于语言规范和审美取向的历时变迁,好的译文也有必要适时修订或复译。戴乃迭曾鼓励葛浩文翻译张洁的《沉重的翅膀》,因为"'文革'和牢狱之灾使她与世界脱节多年,若她翻译,恐怕会译成20世纪50年代那种老派英文,相信由葛浩文来译会让文字更有当代感,也能更好地让外国了解中国"[②]。两代译者的语言风格不同,是对同一部小说不同的诠释和再造,笔下浮现的中国工业改革也会流露出不一样的时代感。除了《沉重的翅膀》(1987, Gladys Yang trans.;1989, Goldblatt trans.),阿城的《棋王》(1990, McDougall trans.;1999, Jenner et al. trans.)、陆星儿的《啊! 青鸟》(1993, Tang Sheng trans.;2010, Wu Yanting trans.)都是这样的案例。正如古典小说常有不止一个译本,我们同样期待当代文学经历不同背景下多位译者的诠释,能够常读常新。

第二节　英译出版的主体

译者是译介活动中最重要、最活跃的主体,他们除了要完成文本在语言之间的转换,还要与作者、出版社等多方沟通。莫言获得诺贝尔文学奖离不开多年来各国译者精彩的翻译,而葛浩文也成为国内外最著名的中国文学英译家,不仅在圈内享有很高的声誉,也为普通大众读者所知悉。

中国当代小说英译的译者群基础面不算庞大,构成却比较复杂多样,个体之间的翻译数量、译作水平也有较大差异。众多译者中,葛浩文是贡献最多的,被誉为当代中国文学的首席翻译家,由他独立翻译或作为主要

---

① 金介甫,查明建. 中国文学(一九四九——一九九九)的英译本出版情况述评. 当代作家评论,2006(3):73-74.

② 赋格,张健. 葛浩文:首席且惟一的"接生婆". 南方周末,2008-03-27(D22).

译者翻译的当代小说单行本多达 62 部,约占英译单行本总量的 11%,其中林丽君与之合译 12 部,是他最稳定的合作者。若是算上小说集中的单篇,葛浩文的翻译数量就更多了。还有一批活跃的翻译家也成果卓著,却尚未引起我们足够的关注。排在葛浩文之后,英译(或主译)当代小说单行本最多的英语译者依次为:戴乃迭(Gladys Yang,25 部)、韩斌(Nicky Harman,14 部)、沙博理(Sidney Shapiro,12 部)、关大卫(David Kwan,9 部)、罗鹏(Carlos Rojas,9 部)、李耀宗(Yawtsong Lee,7 部)、葛凯伦(Karen Gernant)和陈泽平(合译 7 部)、蓝诗玲(Julia Lovell,6 部)、德鲁(Flora Drew,6 部)、艾梅霞(Martha Avery,6 部)、孔慧怡(Eva Hung,5 部)、殷张兰熙(Nancy C. Ing,5 部)、邱懋如(5 部)。他们的翻译总量约占中国当代小说英译单行本的近三分之一。其他影响力较大的译者还有杜博妮(Bonnie McDougall)、陶忘机(John Balcom)、陈顺妍(Mabel Lee)、白雪丽(Shelly Bryant)等。他们活跃于不同的时代,其中戴乃迭、沙博理、关大卫是早期中国文学出版社外国专家的代表,葛浩文的翻译贯穿了中国当代小说英译的发展和繁荣期,而韩斌、蓝诗玲、罗鹏、德鲁等则是新一代译者的中坚力量。译者的母语背景也有所不同,但最近二三十年中较为活跃的译者主要都是英语母语者,中文母语者与英语母语者合作翻译的情况也较多。

中国当代小说的英译者大多拥有"译者之外的身份",翻译只是其生活中的一部分,有时甚至不是最主要的那一部分。对于普通读者来说,译者的概念往往是模糊的,他们只是生产翻译的人,而缺乏独立和鲜明的个体形象。皮姆强调翻译史研究必须专注于"复数形式的译者",即形形色色、拥有丰富经历的个体,而不是抽象的、职业化的"单数形式的译者"概念。① 美国汉学家奚如谷(Stephen H. West)认为,学人译者与职业译者、

---

① Pym, A. *Method in Translation History*. Manchester: St. Jerome Publishing, 1998: 160-161.

过客型译者(dilettantes)的翻译策略差别很大。[①] 中国当代小说的英译者们也可以据此划分,但是每个个体都可能同时跨越不同的类型,或在几种类型之间转换。

学人译者在其中起着主导作用。他们拥有博士学位和大学教职,研究领域涉及比较文学、海外汉学、翻译研究等,葛浩文、杜博妮、韩斌、蓝诗玲等都属于这一类。此外,葛浩文、罗郁正(Irving Yucheng Lo)、刘绍铭(Joseph S. M. Lau)、李欧梵(Leo Ou-fan Lee)、欧阳桢(Eugene Chen Eoyang)、王德威、齐邦媛等知名学者都曾担任英译丛书的编委会成员,负责组织和协调编译工作。[②]

奚如谷指出,学人译者在翻译中国文学时至少力求准确,对学者和其他有背景知识的读者(informed reader)也有帮助;学人译者在进行文化或文学翻译(proceed with a cultural or literary translation)时就会考虑到这类读者的需要。[③] 根据布迪厄的社会学理论,活动者在特定"场域"(field)中的"惯习"(habitus)和"资本"(capital)促成了其实践。[④] 个性与历史社会语境相互交汇和作用,译者在翻译活动中形成了一种相对稳定、但又可以变化的秉性。有的译作最初是学人译者的研究对象——例如杜博妮译北岛和阿城、白亚仁(Allan H. Barr)译余华,都是源于学术研究。写作时引用作品的片段,需要将其译成英文,然后逐渐积累,最终水到渠成地译出全书,促成了资本在不同领域内的转化。早期教学时缺乏合适的中国

---

① West, S. H. Translation as research: Is there an audience in the house? In Eoyang, E. & Lin, Y. F. (eds.). *Translating Chinese Literature*. Bloomington: Indiana University Press, 1995: 131-132.

② 王颖冲,王克非. 现当代中文小说译入、译出的考察与比较. 中国翻译,2014(2): 37.

③ West, S. H. Translation as research: Is there an audience in the house? In Eoyang, E. & Lin, Y. F. (eds.). *Translating Chinese Literature*. Bloomington: Indiana University Press, 1995: 131-132.

④ Bourdieu, P. The forms of capital. In Halsey, A. H. et al. (eds.). *Education: Culture, Economy, and Society*. Oxford & New York: Oxford University Press, 1997: 46-58.

文学教材，也促使他们在翻译和编辑方面投入大量时间和精力，而不太计较经济方面的回报。学人译者希望给读者提供更多的知识，译本常附有很长的序跋或编者按，讨论小说的创作背景、语言特色、社会文化意义等，译文中常对一些具有中国特色的词语和句段详尽注释。

早期的职业译者主要是外文出版社的社内译者，或是出版社的签约外聘专家，如戴乃迭、关大卫等。他们的翻译选材与方法一定程度上也受到制约，必要时还会删改译文，以符合赞助人在意识形态和诗学方面的要求。① 2000 年以后的职业译者对译文把控的自主权大大提高，不完全受限于机构赞助人的要求，倾向于根据自己的时间和兴趣来选择和承接翻译任务。葛浩文等一些学人译者也从教学科研的一线退下来，专门从事翻译工作，转向成为职业译者。2007 年成立的"纸托邦"就是由几位外国译者自发组织的，吸引了新生的中国文学翻译力量，其中就有好几位自由职业译者，如辛迪·卡特(Cindy Carter)翻译了郭小橹的《我心中的石头镇》(*Village of Stone*, 2004)和阎连科的《丁庄梦》(*Dream of Ding Village*, 2011)，陶建翻译了王晓方的《公务员笔记》(*The Civil Servant's Notebook*, 2012)和徐则臣的《跑步穿过中关村》(*Running Through Beijing*, 2014)，刘欣翻译了艾伟的《回故乡之路》(*The Road Home*, 2019)等。相比学人译者，他们更关心译作能否融入英语世界的大众读者群，尽量避免大量注释打乱阅读节奏，如有译者序跋也是重在介绍故事情节。职业译者也可能转而供职于机构，例如陶建后来成了《人民文学》海外版《路灯》的编辑总监，刘欣担任该杂志编辑。

过客型译者往往因个人爱好或社会关系而翻译了一部作品或某一位作家的作品，但只是浅尝辄止并不投身于此。例如，苏珊·多琳(Susan Wan Dolling)翻译王文兴的《家变》(*Family Catastrophe: A Modernist*

---

① Birch, C. Reflections of a working translator. In Eoyang, E. & Lin, Y. F. (eds.). *Translating Chinese Literature*. Bloomington: Indiana University Press, 1995: 9-10.

Novel, 1995)就是出于巧合。1985 年斯坦福大学的一次会议上，著名华裔汉学家刘若愚初识译者，并把她介绍给了学生张诵圣(Sung-Sheng Yvonne Chang)，后者又把自己老师王文兴的《家变》推荐给了她。[①] 这些微观层面的因素复杂多变，有时直接成为英译选材的初衷。可见除了受到“大历史”的制约，译者们又各自拥有一段“个人史”，他们有自己的资本积累渠道和职业轨迹，有所坚持的文学和翻译理念，也懂得在工作中趋利避害。译者的双语能力、生活经历、职业背景、社交网络等或多或少会体现在翻译策略上。

译者是翻译活动的直接执行者，其资质与职业精神直接关系到译文优劣，不仅影响译本的域外接受，也牵动着原作乃至中国文学在世界范围内的声誉。不仅如此，有些广泛阅读中国文学、嗅觉敏锐的译者还能向出版社推介优秀作品，发起翻译项目，因此译者资源的建设和维护是中国当代小说英译的一项重要工作。目前，从事中国当代文学英译的译者资源还有局限性，高水平的译者群体有待建设，国内外译者、不同类型的译者之间的交流合作尚不充分。

在大部分国家，译者的地位不高，而文学翻译的报酬又往往低于商务、法律翻译。据报道，连葛浩文这样全心投入翻译的大家，来自翻译的年收入也仅有五六万美元，有时只有两万美元。[②] 现在的文学翻译家主要是出于兴趣爱好而从事这项事业，但除了获得尊重和赞誉，他们也应该有相匹配的经济回报。各类专项资助中有一部分资金就是用于支付译者的稿酬，有的可在签订合约时就预支，合规灵活的操作充分保障译者权益，照顾其实际需求。

除了丰厚的稿费，建立驻地翻译基金也能够起到扶持译者的作用。中国小说的英译者有不同的国籍、职业、母语背景、生活环境。一般来说，

---

① Dolling, S. W. Translator's postscript. In Wang, W. X. *Family Catastrophe*. Dolling, S. W. (trans.). Honolulu: University of Hawaii Press, 1995: 253.

② 赋格，张健. 葛浩文：首席且惟一的“接生婆”. 南方周末. 2008-03-27(D21-D22).

英语母语译者在行文表达方面具有自己的优势，如有机会长时间在中国体验生活，尤其是在作家的故乡或其笔下的地区，将大大加深他们对小说背景和文化负载项的了解，对拓展译者视野、完善其知识架构大有裨益。过去沙博理、戴乃迭等人曾在外文出版社和中国文学出版社担任外国专家，现在也有陶建、辛迪·卡特等人在中国生活和工作，但更多通晓中文、具备翻译潜质的英语人士还没有条件长期深入中国文化，需要我们创造机会、提供便利。

在这方面，许多欧洲国家的做法值得我们学习。例如，德国最重要的文学翻译资助组织 Deutscher Übersetzerfonds 给译者提供奖学金、差旅补助，组织相关工作坊和研讨会。① 爱尔兰则设有"爱尔兰文学翻译奖"，提供现金奖励和为期一个月的访爱奖学金，包括往返机票和食宿，在表彰卓越外国译者的同时，也帮助他们直观地了解爱尔兰，并通过此举提升了国家影响力和文化传播力。

译者资源的建设也包括优秀译者的发掘工作，尤其是那些尚未出版过著作的青年译者。2013 年，国务院新闻办公室、中国外文局、中国作家协会联合主办了"中国当代优秀作品国际翻译大赛"，选取了 30 位当代作家的小说作为原文，为热爱中国文化和文学的中外译者提供了机会。每个语种一等奖的奖金高达 5000 美元，远远超过了一般翻译赛事的奖励额度，优秀译文还结集出版，旨在激发译者的热情和创造性。英文组的获奖选手来自海内外多地，不乏中外合译的组合。有了首届大赛的经验，今后我们可以进一步论证和完善评价机制，继续以竞赛的形式发现和招募优秀译者，并以此为平台鼓励译者之间的交流、学习与合作。对于不管是机构组织的翻译大赛还是网上自发的翻译活动，我们都可以跟进原文作者的英文版权交易事项，有意愿的获奖者或原译者可以优先签约承接翻译

① Stock, R. Germany. In Esther, A. (ed.). *To Be Translated or Not to Be: PEN/IRL Report on the International Situation of Literary Translation*. Barcelona: Institut Ramon Llull, 2007: 67-68.

工作。这不仅基于其业务水平，也因为他们是“合适”的译者——能够在赛事提供的众多原文里挑选某一篇来译，说明对该小说有兴趣且气质相投。这样不但可以开拓译者群体、节省资源和时间，也能通过前期的选拔保证翻译质量。

第三节　英译出版的过程

文学译介与传播是一个复杂的过程，除了对象(作品)和主体(译者)，还涉及许多其他参与者的各类活动。从发起人、赞助人，到文学中介、出版社和发行商，无不发挥着重要的作用。他们其实也属于几大主体，但为了便于呈现整个译介流程，我们暂且将其都归入英译出版的过程来讨论。

相比英语文学的汉译，中国文学的英译数量不足十一，当代小说的英译本还只有几百部。在这样的背景下，提出中国文学“走出去”是非常有必要的，而政府作为发起人和赞助人的角色就尤为凸显。这种做法也并非中国独有，2007 年出版的《国际文学翻译形势报告》显示，许多国家和区域(如欧盟)都有鼓励文学外译的政策。20 世纪 50—80 年代，中国当代小说的英译主要由外文出版社和中国文学出版社主持，这一模式持续了较长的时期。由于种种原因，那批译作并未取得良好的接受效果，销量有限，评价也褒贬不一。这就让国内外学者对“外推”模式存有质疑，进而对“走出去”的前景表示担忧。但其实影响译本传播的因素很多，包括时代环境、国际关系、小说选材、翻译质量、宣传手段、译介渠道等。

在国际文化交融的新环境下，中方对翻译出版的扶持未必体现在亲力亲为地从事翻译，而需要更注意完善出版引导机制、开拓译介发行和传播渠道，以便把握图书市场和读者群体的动向。21 世纪以来的“中国图书对外推广计划”“中国当代文学作品译介工程”“中国当代少数民族文学作品翻译工程”等产出了一系列成果。项目提供经济资助，依托海外优秀的翻译人才和出版机构，大大增强了中国文学的影响力。地域文学的推广也在进行之中，例如上海在这方面的努力已初具成果，“当代上海作家小说选”系列介绍了二十多部上海作家的作品,既有久负盛名的王安忆、程乃珊、马原等人,也有苏德、唐颖、张怡微等新生代,将上海摩登的形象从旧时延续到了今日。2009 年陕西也开展了 SLOT 计划(陕西文学作品海外翻译计划),已经翻译了二十多位当地作家的短篇小说,后续译介计划也充满雄心。这两个项目都采用了政府资助、社会组织实施、国内外各界共同参与的形式,尤其吸引国外译者和有地域情结的华裔承担具体翻译工作。其他地方政府、文化组织和出版机构在这方面还大有可为,可借鉴上述地区的经验,将文学翻译列入文学基金会的扶持项目中,把握好翻译质量和译介重点,进一步开拓宣传渠道,推动构建当代中国大陆多层次、多面向的文学版图。

不过,葛浩文在接受《新京报》的采访时表示,申请这类出版资助太麻烦,要提交很多东西,包括在国外预期能卖多少本,使得许多年轻译者望而却步。[①] 根据 2014 年 8 月修订的《中国当代作品翻译资助申请办法》和随附的申请表,我们可以看出需要提交的材料其实并不如想象的复杂,但其中一些项目主要针对版权代理机构或外文出版机构,对于个体译者来说较难获取,这些材料包括:作品原作者授权书或者版权授权协议、翻译作品出版协议、翻译作品出版机构营业执照或其他资质证明、资助文版首版印数、计划出版时间。在版权代理机制尚未成熟的今天,译者作为翻译活动发起人的情况还很多;而相对于机构,个人译者在经济和社会地位方面更加处于劣势,更需要外界的资助和扶持。如能针对个体译者充分宣传翻译出版资助项目及其申请办法,简化申请流程和管理办法,就能使项目资金得以充分利用、落到实处。

新时代文学翻译传播中的参与方众多,彼此之间线上和线下的交互日益频繁,为中国文学走向世界创造了前所未有的机遇。除发起人和赞助人之外,文学中介(literary agent,或称版权代理、版权经纪人)是当代中国小说英译出版的过程中的重要角色,其工作常隐于幕后。他们寻找作

---

① 姜妍.葛浩文:莫言不会外语,不利于宣传.新京报,2013-10-15(C11).

家和文本资源，签约后会负责联络图书、翻译和影视衍生品的海内外版权事务。[①] 王德威曾说："作家在写出好的作品外，还需要有一个好的文化代理人。这个代理人的形象可能是海外翻译者，可能是学者教授，也可能是一个更细腻的国家级文化机构操作跟资金。"[②]在具备好作品、好译者和相关资助的情况下，最重要的是能够联结起各方人员，讯息互通，促成译介项目，这其中文学中介的作用亟待发挥。

近年来，谭光磊、托笔·伊迪等文学中介在中国当代小说英译方面非常活跃。谭光磊成立了光磊国际版权经纪有限公司，成功运作了多个知名作家的作品在海外出版，包括《金山》《山楂树之恋》《额尔古纳河右岸》《解密》等书的英文版。[③] 托笔·伊迪早在 1968 年就创立了托笔·伊迪协会，并发展成为著名的文学代理机构，推介了朱文的《我爱美元》等诸多中国当代文学作品在国外翻译出版，并力求寻找最合适的译者，避免减损原作的水准。托笔对中国文学和文化十分热心，他曾帮《大红灯笼高高挂》拉赞助，还担任中华书局的顾问策划，为于丹的《论语心得》签下了 30 多个国家的版权。[④] 在信息爆炸、知识产权意识加强的时代，纽带作用尤为关键。这就需要培养相关人才，让中介行业尽快走向成熟，缩小与国际标准的差距。其目标不应只是达成交易，满足于几百册的印数，或向过低的版税妥协，而应当是致力于发掘推广优秀的作家和作品，疏通与译者、作者、出版社的对接机制；增进友谊、探讨文学的同时也更有效率地开展代理工作，这便是对英语世界读者和世界文学文化的发展负责。

鼓励和方便各类人员形成互动也是拓展当代小说译介传播渠道的重要工作。各类交流活动有助于盘活图书资源和译者资源，形成网络化的市场，提高中国文学的国际影响力。翻译研讨班、工作坊、汉学家研讨会

---

① 王颖冲. 中文小说英译研究. 北京：外语教学与研究出版社，2018：152-155.

② 转引自：李兮言. 中国作家需要好的海外代理人.（2013-11-14）[2020-04-09]. http://www.time-weekly.com/post/23218.

③ 2015 中外文学翻译研修班手册. 2015：13.

④ 陈祥蕉. 托笔·伊迪：想请世界出版人来中国. 南方日报. 2014-08-16(A20).

等为译者、作家、出版社之间的多边交流搭建了良好的平台。2008 年和 2009 年，企鹅出版社曾在杭州和苏州举办过两届中英文学翻译培训研讨班，把作家、翻译家、出版人等集合到一起，分组讨论和翻译小说段落，每组有一位作家、一位口译员、一位翻译组长和若干名文学翻译和编辑，这种模式获得了非常好的反响。作家亲历翻译现场，首先通过口译员向大家介绍小说的背景和基调，促使译者们更有意识地保持原文的行文节奏；而对于某些术语、方言和生僻的表达，作家的释疑也让翻译们省去了查证之苦。多位译者和编辑在一起协商讨论，有助于发现多种译法的可能性，了解他人的思路和方法，并在今后翻译和编辑工作中多视角考虑问题。类似的活动包括两年一度的汉学家文学翻译国际研讨会、2015 年的中外文学翻译研修班，以及各类文学"中译外"的学术会议。打通结识国内外同行和专家的渠道，对今后的翻译出版工作也大有裨益。

翻译完成之后，我们还需要有畅通的传播渠道，即便是由源语地区出版的译本也可以通过海外公司和办事处销售。"熊猫丛书"曾通过国际书店在海外发行，当时北美地区就有中国书刊社（China Books & Periodicals Inc.）和波士顿 Cheng & Tsui 出版社代理销售。① 在建立和拓展发行渠道方面，国外出版社已有丰富的成功经验。20 世纪末，国际出版机构，包括剑桥大学出版社、企鹅兰登书屋、阿歇特集团等陆续进入中国，合资成立出版企业，以便更好地进入中国的大众图书市场，这种做法值得借鉴。

此外，作品"走出去"后，我们的作家也可以"走出去"，为自己和中国文学代言，以出国巡讲、参加国际书展和研讨会等形式投入海外拓展。从单纯的文本"走出去"到生活中人员"走出去"，这是实现中西文化交流的重要一步。作家赴海外参加讲座、读书会和图书推介等活动，对国外学者和大众直观地了解中国小说和作家起到了积极的作用。相比古典和现代

---

① 耿强. 文学译介与中国文学"走向世界"——"熊猫丛书"英译中国文学研究. 上海：上海外国语大学博士论文，2010：54.

文学的译介，当代文学的作家、译者和读者基本可以在同一个时间维度内对话，而现代交通和通信手段又大大提高了人们今日的流动性，这也成为中国当代小说英译发展的一大优势。即使作家不懂外语，也可以借助口译员与读者、学者、出版商、文学中介等进行交流，直接而直观地宣传自己的作品，有时甚至能当场签署版权协议。莫言、苏童、余华等译介次数最多的作家都是这方面做得比较突出的。他们与知名译者和汉学家紧密联络，并将文化和商业行为绵延至个人社交领域，从而建立起更为稳固的合作关系。

第六章　结　语

翻译作为不同语言之间的交互桥梁，承载了特定文学和文化元素在目标语社会中传播的使命，也从不同角度勾画出了源语社会的面面观。在当代中文小说的英译史上，不管发起者是来自本土还是域外，有一点是相通的，即试图反映中国的现实生活。即便是虚构成分很多的作品，人们也期待从想象的世界中寻得一星半点影射现实的地方。

本书沿着时间和空间的脉络钩沉梳理了中国当代小说 70 年来英译的历程。由于源语社会和目标语社会之间的权力关系不平等，中国当代小说的英译总量不仅和小说创作量反差巨大，和英语小说译入汉语的书目数量更无法比肩。英译活动受政治局势和国际关系直接而明显的影响，译介的地理中心数度转移，各阶段的选材特征也很鲜明。1949 年中华人民共和国成立之后到“文革”前夕，掀起了第一波文学“送出”的高潮，外文出版社短时期内翻译输出了大量图书，成为当时译介出版的根据地，力图将民族文化的瑰宝呈现于英语国家的读者面前，所译作品着力控诉旧社会的黑暗，或呈现出革命乐观主义精神。1966 年至 1976 年，中国大陆的翻译出版活动被迫中断，文学创作受到政治局势的种种限制，国外译者也只能复归古典小说寻找英译素材。70 年代末，中国对外交流日益频繁，自身实力和国际地位也发生了令人瞩目的改变。英语世界主动翻译出版中文小说的力度加大，尤其关注现当代中国的变化。与此同时，1981 年陆续推出的“熊猫丛书”标志着中国文学“译出”的复苏，第二波英译“外推”的高潮出现。但此时已形成好几处译介活动中心，也尽可能多地包含了各种来源、题材和风格的作品，中西方两种话语形成了均势。出版盛世之下也诞生了一批英译小说丛书，译介比以往任何时候都具规模化。21 世纪的当代小说英译出版活动除了延续这一盛况，还呈现出多样化、大众化、数字化等新趋势。

以当代小说英译的出版地分布来看，汉语地区主动外推的占一半左右，这也是与文学“外译汉”的主要区别之一。翻译选材注定要有所取舍，各地区都根据各自的目的塑造中国形象。马士奎将翻译活动分为两类形象塑造的过程：“一般翻译可以在本文化中塑造出异文化形象，对外翻译则致力于在异文化中塑造出本文化的自我形象。”①相比 20 世纪五六十年代，八九十年代中国的对外译介活动无疑享受到更多自由空间，作家来源、内容题材、写作风格等各方面都兼容并蓄。相似之处在于，两个时期都注重宣扬美好的风土人情、积极的时代面貌和民族精神。不损害国家的政权稳定和国际形象则是选材标准的底线，部分迷信和暴力的内容被删减。无独有偶，海外的译介活动也有意识形态层面的动机，选择什么样的小说来翻译并不是单纯从文学和美学的角度来考量的，尽管赞助机构往往坚称“纯艺术”“纯学术”的立场。持不同政见的小说译作全部出自海外，译介者和读者更关心作品的社会批判性，迎合自身对中国的认识和想象。

总体来说，目标语国家的主动引入是未来中国当代文学翻译出版的大势所趋，但不同译者模式和译介模式仍有探索的空间。惯习和资本影响着个体译者在翻译活动中的一系列选择，而母语因素只是诸多因素中的一项。译者的双语能力、生活经历、职业类型、翻译合作模式都可能影响到翻译策略和译文质量。中国文学“走出去”不必拘泥于“中国人译”还是“外国人译”的两难窘境，而应该在译介传播的其他环节多下功夫。例如，如何促进译者之间的交流与合作，充分利用彼此在语言、知识、人脉等

---

① 马士奎.中国当代文学翻译研究(1966—1976).北京：中央民族大学出版社，2007：162.

方面的优势，更高质量地完成翻译工作；如何发挥文学中介的作用，将作家、译者、出版人等不同参与方联系起来，高效地开展资源挖掘、版权交易与文学翻译的工作；如何促进文学翻译出版与影视、网络等媒介的互动与融合，让图书出版不止于出版，而走入更多普通大众的视野和内心，提高传播与接受的效果。思考和探索这些问题能够帮助我们直面中国当代文学英译出版中的实际困难，进一步了解中外译者和读者对中国文学、文化及社会的认识与态度。这些工作将有助于引导翻译出版行业健康多元发展，在促进中国文学“走出去”、建议等现实层面具有重要意义。

参考文献

About us. [2020-02-23]. http://www. papyrus. com. au/about. html.

About us. [2020-03-10]. https://www. cheng-tsui. com/about-us.

About Heinemann. [2020-03-10]. http://www. heinemann. com/aboutus. aspx.

Bernofsky, S. The Three Percent Problem. (2011-09-16)[2020-02-01]. http://translationista. com/2011/09/three-percent-problem. html.

Birch, C. Reflections of a working translator. In Eoyang, E. & Lin, Y. F. (eds.). *Translating Chinese Literature*. Bloomington: Indiana University Press, 1995: 3-14.

Bourdieu, P. The forms of capital. In Halsey, A. H. et al. (eds.). *Education: Culture, Economy, and Society*. Oxford & New York: Oxford University Press, 1997: 46-58.

Campbell, S. *Translation into the Second Language*. London: Longman, 1998.

Chan, R. Politics of Translation. Doctoral Dissertation. Oxford: Oxford University, 2003.

Chan, T. L. Translation, transmission, and travel: Culturalist theorizing on "outward" translations of classical Chinese literature. In Chan, T. C. (ed.). *One into Many: Translation and the Dissemination of Classical Chinese Literature*. Amsterdam; New

York: Rodopi, 2003: 321-346.

Chia, C. Introducing the writer Hao Jan. *Chinese Literature*, 1974(4): 95-101.

Dolling, S. W. Translator's postscript. In Wang, W. X. *Family Catastrophe*. Dolling, Susan Wan (trans.). Honolulu: University of Hawaii Press, 1995: 253-254.

Even-Zohar, I. The position of translated literature within the literary polysystem. *Poetics Today*, *Polysystem Studies*, 1990(1): 45-51.

Even-Zohar, I. Polysystem theory. *Poetics Today*, *Polysystem Studies*, 1990(1): 9-26.

Gentzler, E. & Tymoczko, M. Introduction. In Tymoczko, M. & Gentzler, E. (eds.). *Translation and Power*. Amherst, Mass: University of Massachusetts Press, 2002: xxiii-xxxiii.

Gibbs, A. D. (ed.). *Subject and Author Index to Chinese Literature Monthly (1951—1976)*. New Haven: Far Eastern Publications, 1978.

Goldblatt, H. Narrating China: Jia Pingwa and his fictional world (review). *China Review International*, 2006(2):517-520.

Graham, A. C. *Poems of the Late T'ang*. Baltimore: Penguin Books, 1965.

Grosman, M. *Translation into Non-mother Tongues: In Professional Practice and Training*. Tübingen: Stauffenburg-Verlag, 2002.

Heijins, A. Renditions: 30 years of bringing Chinese literature to English readers. *Translation Review*, 2003(66): 30-33.

Hinrup, H. H. (ed.). *An Index to "Chinese Literature" 1951—1976*. London; Almö: Curzon Press, 1978.

Hsia. C. T. *A History of Modern Chinese Fiction 1917—1957*. New Haven: Yale University Press, 1961.

Hsu, V. Preface. In Hsu, V. (ed.). *Born of the Same Roots: Stories of Modern Chinese Women*. Bloomington: Indiana University Pres, 1982: vii-ix.

Hung, E. Blunder or service? *Translation Review*, 1991(1): 39-45.

Hung, E. *The Renditions Experience 1973—2003*. Hong Kong: The Research Centre for Translation, The Chinese University of Hong Kong, 2003.

Jenner, W. J. F. Insuperable barriers? Some thoughts on the reception of Chinese writing in English translation. In Goldblatt, H. (ed.). *Worlds Apart: Recent Chinese Writing and Its Audience*. Armonk: M. E. Sharpe. 1990: 177-197.

King, R. Translator's postscript. In Zhu, L. *Snake's Pillow and Other Stories*. King, R. (trans.). Honolulu: University of Hawaii Press, 1998: 192-200.

Kinkley, J. Review: *Red Sorghum: A Novel of China* by Mo Yan; Howard Goldblatt. *World Literature Today*, 1994(2):428-429.

Lau, J. S. M. More than putting things together. In Eoyang, E. & Lin, Y. F. (eds.). *Translating Chinese Literature*. Bloomington: Indiana University Press, 1995: 221-230.

Lefevere, A. *Translating Literature: Practice and Theory in a Comparative Literature Context*. New York: Modern Language Association of America, 1992.

Lefevere, A. *Translation, Rewriting and the Manipulation of Literary Fame*. Shanghai: Shanghai Foreign Language Education Press, 1992.

Link, P. Introduction. In Link, P. (ed.). *Stubborn Weeds: Popular and Controversial Chinese Literature after the "Cultural Revolution"*. Bloomington: Indiana University Press, 1885: 1-28.

Louie, K. *Between Fact and Fiction*. Sydney: Wild Peony, 1989.

McCarthy, R. M. Introduction. In Nie, H. L. *The Purse and Three Other Stories of Chinese Life*. Nieh, H. L. & Hou, C. (trans.). Taipei: Heritage Press, 1962: iii-v.

MCLC Resource Center Modern Chinese Literature and Culture. (2020-01-29) [2020-01-29]. https://u. osu. edu/mclc/bibliographies/lit/translations-aut/.

Paper Republic Translation Database. (2020-02-01) [2020-02-01]. https://paper-republic. org/translations/database/.

Pokorn, N. K. *Challenging the Traditional Axioms: Translation into a Non-mother Tongue*. Amsterdam & Philadelphia: John Benjamins Publishing Company, 2005.

Pym, A. *Method in Translation History*. Manchester: St. Jerome Publishing, 1998.

Shuttleworth, M. & Cowie, M. *Dictionary of Translation Studies*. Shanghai: Shanghai Foreign Language Education Press, 2004.

Stock, R. Germany. In Esther, A. (ed.). *To Be Translated or Not to Be: PEN/IRL Report on the International Situation of Literary Translation*. Barcelona: Institut Ramon Llull, 2007: 63-73.

"TOP 50" Original language. (2020-01-19) [2020-01-19]. http://www. unesco. org/xtrans/bsstatexp. aspx? crit1L=3&nTyp=min&topN=50.

Translation statistics. [2020-01-19]. https://www. ceatl. eu/current-situation/translation-statistics.

Tsai, M. *Contemporary Chinese Novels and Short Stories, 1949—1974: An Annotated Bibliography*. Cambridge, Mass; London: Harvard University Press, 1979.

Venuti, L. *The Translator's Invisibility: A History of Translation*. London & New York: Routledge, 1995.

West, S. H. Translation as research: Is there an audience in the house? In Eoyang, E. & Lin, Y. F. (eds.). *Translating Chinese Literature*. Bloomington: Indiana University Press. 1995: 131-155.

Who we are. [2020-03-10]. http://books.wwnorton.com/books/aboutcontent.aspx? id=4386.

Wilson, P. Preface. In Jiang, Z. L. *All the Colours of the Rainbow*. Wang, M. J, trans. Beijing: Foreign Languages Press, 1983: 7-20.

2000 年全国图书版权输出情况统计. (2001-04-15) [2020-02-02]. http://www.ncac.gov.cn/chinacopyright/contents/11467/400825.html.

2018 年全国输出版权汇总表. (2020-01-14)[2020-02-02]. http://www.ncac.gov.cn/chinacopyright/contents/11942/411496.html.

2015 中外文学翻译研修班手册. 2015.

鲍晓英. 莫言小说译介研究. 上海:上海交通大学出版社,2016.

鲍晓英. 中国文学“走出去”译介模式研究——以莫言英译作品美国译介为例. 青岛:中国海洋大学出版社,2015.

蔡田明. 两岸《家变》讨论之我见. 小说评论,1991(5):79-84.

残雪. 残雪文学观. 桂林:广西师范大学出版社,2007.

曹霞. 作为“动态经典”与“文学文本”的阐释——浩然作品的海外传播与研究. 当代作家评论,2017(1):177-183.

陈吉荣. 翻译建构当代中国形象:澳大利亚现当代中国文学翻译研究. 北京:中国社会科学出版社,2012.

陈思和. 中国当代文学史教程. 上海:复旦大学出版社,1999.

陈祥蕉. 托笔 · 伊迪:想请世界出版人来中国. 南方日报. 2014-08-16 (A20).

戴延年,陈日浓. 中国外文局五十年大事记(一). 北京:新星出版社,1999.

戴延年,陈日浓. 中国外文局五十年大事记(二). 北京:新星出版社,1999.

付文慧. 中国女作家作品英译(1979—2010)研究. 北京:对外经济贸易大学出版社,2015.

赋格,张健. 葛浩文:首席且惟一的"接生婆". 南方周末. 2008-03-27(D21-D22).

傅惠生.《汉英对照大中华文库》英译文语言研究. 外语教学理论与实践,2012(3):23-29.

耿强. 文学译介与中国文学"走向世界"——"熊猫丛书"英译中国文学研究. 上海:上海外国语大学博士学位论文,2010.

耿强. 中国文学:新时期的译介与传播——"熊猫丛书"英译中国文学研究. 天津:南开大学出版社,2019.

顾彬. 我们的声音在哪里?——找寻"自我"的中国作家. 扬子江评论,2009(2):13-15.

关于纸托邦. MCLC Resource Center Modern Chinese Literature and Culture. (2020-02-01)[2020-02-01]. https://paper-republic.org/guanyu/.

郭竞. 建国以来我国文学对外译介的历史考察——以《中国文学》英文版杂志为例. 山西档案,2017(3):171-173.

何琳,赵新宇.《中国文学》(*Chinese Literature*)当事人采访笔录. 文史杂志,2017(1):93-95.

何琳,赵新宇. 新中国文学西播前驱——《中国文学》五十年. 中华读书报,2003-09-24.

洪捷. 五十年心血译中国——翻译大家沙博理先生访谈录. 中国翻译,2012(4):62-64.

胡志挥. 中国文学作品名英译索引汇编. 北京:外文出版社,2011.

华慧. 葛浩文谈中国当代文学在西方. 东方早报,2009-04-07(B02).

季进. 我译故我在——葛浩文访谈录. 当代作家评论,2009(6):45-56.

贾燕芹. 文本的跨文化重生:葛浩文英译莫言小说研究. 北京:中国科学出

版社,2016.

姜妍. 葛浩文:莫言不会外语,不利于宣传. 新京报,2013-10-15(C11).

蒋子龙. 赤橙黄绿青蓝紫. 天津:百花文艺出版社,1981.

金介甫. 中国文学(一九四九—一九九九)的英译本出版情况述评. 当代作家评论,2006(3):67-76.

李朝全. 文艺创作与国家形象. 北京:华艺出版社,2007.

李佳畅,吕黎. 身份、性别与翻译——张佩瑶教授访谈录. 外国语言文学研究,2008(1):80-81.

李兮言. 中国作家需要好的海外代理人. (2013-11-14)[2020-04-09]. http://www.time-weekly.com/post/23218.

梁欣荣,项人慧. 打开台湾文学的世界视窗. 编译论丛,2011(2):215-218.

林丽君,王美芳. 多即是好——当代中国文学阅读与翻译. 当代作家评论,2014(3):195-201.

刘江凯. 认同与"延异":中国当代文学的海外接受. 北京:北京师范大学出版社,2012.

刘云虹. 葛浩文翻译研究. 南京:南京大学出版社,2019.

卢巧丹. 跨越文化边界:中国现当代小说在英语世界的译介与接受. 杭州:浙江大学出版社,2018.

罗福林,王岫庐. 当代中国文学在英文世界的译介——三本杂志和一部中篇小说集. 花城,2017(3):203-208.

罗雪挥,刘芳. 中国图书的"西行路线". 中国新闻周刊,2006(41):74-75.

马士奎. 从母语译入外语:国外非母语翻译实践和理论考察. 上海翻译,2012(3):20-25.

马士奎. 中国当代文学翻译研究(1966—1976). 北京:中央民族大学出版社,2007.

马士奎,倪秀华. 塑造自我文化形象:中国对外文学翻译研究. 北京:中国人民大学出版社,2017.

倪秀华. 民族国家建构、意识形态与翻译:建国“十七年”中国文学英译研究(1949—1966). 香港:香港浸会大学博士学位论文,2011.
倪秀华. 十七年外文出版社英译中国文学作品考察. 中国翻译,2012(5):25-30.
潘文国. 译入与译出:谈中国译者从事汉籍英译的意义. 中国翻译,2004(2):40-43.
司马达. 世界改变中国,中国改变世界. 海外经济评论,2005(15):12-14.
孙宇. 文化翻译视域下葛浩文英译莫言小说研究. 北京:中央编译出版社,2019.
谭光磊. 文学版权输出与经纪人才的培养. 出版广角,2010(9):19-21.
齐邦媛. 潭深无波《巨流河》. 东方早报,2013-03-15(B)01.
腾讯文化. 麦家:中国文学海外出版无序. (2014-08-21)[2016-01-01]. http://view.inews.qq.com/a/CUL2014082100329701?refer=share_relatednews.
王建开. 中国当代文学作品英译的出版与传播. 上海:复旦大学出版社,2020.
王蒙,郜元宝. 王蒙郜元宝对话录. 苏州:苏州大学出版社,2003.
王颖冲. 从“译丛文库”特色看译者身份认同. 山东外语教学,2015(4):101-108.
王颖冲. 第56期我来读文献《中文小说英译研究》第一阶段线上论坛答疑. (2019-04-17)[2020-01-26]. http://www.sohu.com/a/308589608_161093.
王颖冲. 京味小说英译研究. 北京:外语教学与研究出版社,2019.
王颖冲. 透镜下的中国之“像”——中文小说百年英译研究. 北京:北京外国语大学博士学位论文,2013.
王颖冲. 中文小说英译研究. 北京:外语教学与研究出版社,2018.
王颖冲,王克非. 洞见、不见与偏见——考察20世纪海外学术期刊对中文小说英译的评论. 中国翻译,2015(3):42-47.

王颖冲,王克非. 现当代中文小说译入、译出的考察与比较. 中国翻译,2014(2):33-38.

王颖冲,王克非. 中文小说英译的译者工作模式分析. 外国语文,2013(2):118-124.

韦勒克,沃伦. 文学理论,刘象愚,等译. 北京:三联书店,1984.

魏哲哲. 中译外,升温不意外. 人民日报,2015-05-11(12).

辛广伟. 1990—2000年十年来中国图书版权贸易状况分析(1). 出版经济,2001(1):9-11.

徐慎贵.《中国文学》对外传播的历史贡献. 大众传播,2007(8):46-49.

许力以. 中国出版与海外交流的走向. 出版科学,2002(3):7-13.

许宗瑞. 中译外海外出版对中国文化"走出去"的启示——基于联合国教科文组织"翻译索引"数据库的研究. 上海翻译,2019(3):61-67.

杨四平. 跨文化的对话与想象:现代中国文学海外传播与接受. 上海:东方出版中心,2014.

查明建. 意识形态、诗学与文学翻译选择规范——20世纪50—80年代中国的(后)现代主义文学翻译研究. 香港:岭南大学博士论文,2003.

张雯,付宁. 葛浩文翻译风格研究. 上海:上海交通大学出版社,2019.

张稚丹.《解密》海外传奇解码. 人民日报海外版,2014-05-23(11).

周东元等. 中国外文局五十年史料选编(1). 北京:新星出版社,1999.

附录Ⅰ　中国当代小说英译单行本(1949—2019)

作者	原作	译作	译者	出版社	年份
袁静、孔厥	《新儿女英雄传》	*Daughters and Sons*	Sidney Shapiro	New York：Liberty Press	1952
刘白羽	《早晨六点钟》	*Six A. M. and Other Stories*	not indicated	BJ：FLP	1953
白危	《渡荒》	*The Chus Reach Haven*	Gladys Yang，Yang Xianyi	BJ：FLP	1954
高玉宝	[《高玉宝的童年》]①	*Kao's Boyhood*，*originally entitled Child Labour*	Hsu Kuang-yu(adapted)	BJ：FLP	1954
刘白羽	《火光在前》	*Flames Ahead*	not indicated	BJ：FLP	1954
柳青	《铜墙铁壁》	*Wall of Bronze*	Sidney Shapiro	BJ：FLP	1954
张天翼	[《少先队员的故事》]	*Stories of Chinese Young Pioneers*	not indicated	BJ：FLP	1954

① 附录中带方括号的书名为根据英文书名回译的标题。

续表

作者	原作	译作	译者	出版社	年份
陈登科	《活人塘》	*Living Hell*	Sidney Shapiro	BJ：FLP	1955
徐光耀	《平原烈火》	*The Plains Are Ablaze*	Sidney Shapiro	BJ：FLP	1955
高玉宝	《我要读书》	*I Wanted to Go to School*	Hsu Kuang-yu(adapted)	BJ：FLP	1957
杨朔	《三千里江山》	*A Thousand Miles of Lovely Land*	Yuan Kejia	BJ：FLP	1957
赵树理	《三里湾》	*Sanliwan Village*	Gladys Yang	BJ：FLP	1957
杜鹏程	《保卫延安》	*Defend Yenan*	Sidney Shapiro	BJ：FLP	1958
欧阳山	《前途似锦》	*The Bright Future*	Tang Sheng	BJ：FLP	1958
严文井	《唐小西在“下一次开船港”》	*Next-Time Port*	Gladys Yang	BJ：FLP	1958
高云览	《小城春秋》	*Annals of a Provincial Town*	Sidney Shapiro	BJ：FLP	1959
胡奇	《五彩路》	*The Rainbow Road*	Tang Sheng	BJ：FLP	1959
袁静	《小黑马的故事》	*The Story of Little Black Horse*	Nieh Wen-chuan	BJ：FLP	1959
张天翼	《宝葫芦的秘密》	*Magic Gourd*	Gladys Yang	BJ：FLP	1959
高玉宝	《高玉宝》	*My Childhood*	not indicated	BJ：FLP	1960
任大霖	《他们在创造奇迹》	*They Are Creating Miracles*	not indicated	BJ：FLP	1960
艾芜	《百炼成钢》	*Steeled and Tempered*	not indicated	BJ：FLP	1961

续表

作者	原作	译作	译者	出版社	年份
郭国甫	《在昂美纳部落里》	*Among the Ominans*	not indicated	BJ：FLP	1961
康濯	《太阳初升的时候》	*When the Sun Comes Up*	not indicated	BJ：FLP	1961
李六如	《六十年的变迁》	*Sixty Stirring Years*, 3 *vols*	not indicated	BJ：FLP	1961
梁斌	《红旗谱》	*Keep the Red Flag Flying*	Gladys Yang	BJ：FLP	1961
陆柱国	《上甘岭》	*The Battle of Sangkumryung*	Andrew M. Condron	BJ：FLP	1961
马烽	《太阳刚刚出山》	*The Sun Has Risen*	not indicated	BJ：FLP	1961
马加	《开不败的花朵》	*Unfading Flowers*	not indicated	BJ：FLP	1961
王汶石	《风雪之夜》	*The Night of The Snowstorm*	various	BJ：FLP	1961
吴强	《红日》	*Red Sun*	Archie Barnes	BJ：FLP	1961
杨朔	《雪花飘飘》	*Snowflakes*	not indicated	BJ：FLP	1961
周立波	《山乡巨变》	*Great Changes in a Mountain Village*, *vol*. *1*	Derek Bryan	BJ：FLP	1961
陈若曦	《招魂：台湾故事五则》	*Spirit Calling: Five Stories of Taiwan*	Lucy H. M. Chen	Taipei：Heritage Press	1962
杜鹏程	《在和平的日子里》	*In Days of Peace*	not indicated	BJ：FLP	1962
李乔 1	《醒了的土地》	*Awakened Land*	not indicated	BJ：FLP	1962
李准	《不能走那条路》	*Not That Road and Other Stories*	not indicated	BJ：FLP	1962

续表

作者	原作	译作	译者	出版社	年份
聂华苓	《李环的皮包》	*The Purse and Three Other Stories of Chinese Life*	Nieh Hua-ling, Hou Chien	Taipei: Heritage Press	1962
邱勋	《微山湖上》	*On Weishan Lake*	not indicated	BJ: FLP	1962
曲波	《林海雪原》	*Tracks in the Snowy Forest*	Sidney Shapiro	BJ: FLP	1962
周而复	《上海的早晨》	*Morning in Shanghai*	A. C. Barnes	BJ: FLP	1962
胡万春	《特殊性格的人》	*Man of a Special Cut*	Sidney Shapiro et al.	BJ: FLP	1963
林海音	《绿藻与咸蛋》	*Green Seaweed and Salted Eggs*	Nancy C. Ing	Taipei: The Heritage Press	1963
刘树德	《桥》	*We Crossed the Bridge Together*	not indicated	BJ: FLP	1963
柳青	《创业史》	*The Builders* (*Builders of a New Life*)	Sidney Shapiro	BJ: FLP	1964
徐光耀	《小兵张嘎》	*Little Soldier Chang Ka-tse*	not indicated	BJ: FLP	1964
杨沫	《青春之歌》	*The Song of Youth*	Nan Ying	BJ: FLP	1964
知侠	《铁道游击队》	*The Railway Guerrillas*	not indicated	BJ: FLP	1966
高玉宝	《我要读书》	*I Want to Study!*	not indicated	HK: Chao Yang Publishing Co.	1973
浩然	《彩霞集》	*Bright Clouds*	not indicated	BJ: FLP	1974
浩然	《树上鸟儿叫》	*The Call of the Fledglings and Other Children's Stories*	not indicated	BJ: FLP	1974
李心田	《闪闪的红星》	*Bright Red Star*	not indicated	BJ: FLP	1974

续表

作者	原作	译作	译者	出版社	年份
华严	《智慧的灯》	*Lamp of Wisdom*	Nancy C. Ing	Taipei：The Woman Magazine	1974
施叔青（施叔卿）	《那些不毛的日子》	*The Barren Years and Other Short Stories and Plays*	John M. McLellan	San Francisco：Chinese Materials Center	1975
杨啸	《红雨》	*The Making of a Peasant Doctor*	not indicated	BJ：FLP	1976
姜贵	《旋风》	*The Whirlwind*	Timothy A. Ross	San Francisco：Chinese Materials Center	1977
徐瑛	《向阳院的故事》	*A Real Good Holiday*	not indicated	BJ：FLP	1977
陈若曦	《尹县长》	*The Execution of Mayor Yin and Other Stories from the Great Proletarian Cultural Revolution*	Nancy C. Ing, Howard Goldblatt	Bloomington: Indiana UP; Taipei: Huang Chia Book Co.; Caves Books	1978
华严	《生命的乐章》	*Daughter of Autumn*	Wen Ha Hsiung	Taipei：The Woman Magazine	1978
罗广斌、杨益言	《红岩》	*Red Crag*	Sidney Shapiro	BJ：FLP	1978
夏之炎	《北京最寒冷的冬天》	*The Coldest Winter in Peking*	Dee Liang-lao	Garden City, NY: Doubleday; London: W. H. Allen; Taipei: Huang Chia Book Co.	1978
杨佩瑾	《剑》	*The Dagger*	not indicated	BJ：FLP	1978
杨青矗	[《杨青矗短篇小说选》]	*Selected Stories of Yang Ch'ing-ch'u*	Thomas Gold	Kaohsiung：Dunli Publishing	1978

续表

作者	原作	译作	译者	出版社	年份
冯志	《敌后武工队》	*Behind Enemy Lines*	not indicated	BJ：FLP	1979
石文驹	《战地红缨》	*The Red Spear*	not indicated	BJ：FLP	1979
王愿坚	《普通劳动者》	*An Ordinary Labourer*	not indicated	BJ：FLP	1979
黄春明	《溺死一只猫》	*The Drowning of an Old Cat and Other Stories*	Howard Goldblatt	Bloomington：Indiana UP	1980
孙幼军	《小布头奇遇记》	*The Adventures of a Little Rag Doll*	Delia Davin	BJ：FLP	1980
浩然	《金光大道》	*The Golden Road: A Story of One Village in the Uncertain Days After Land Reforms*	Carmen Hinton, Chris Gilmartin	BJ：FLP	1981
聂华苓	《桑青与桃红》	*Mulberry and Peach: Two Women of China*	Jane Parish Yang, Linda Lappin	BJ：New World Press；New York：Sino Publishing Co.；Boston：Beacon Press (hardcover)	1981
白先勇	《游园惊梦》	*Wandering in the Garden, Waking from a Dream: Tales of Taipei Characters*	Bai Xianyong, Patia Yasin	Bloomington：Indiana UP	1982
老舍	《正红旗下》	*Beneath the Red Banner*	Don J. Cohn	BJ：CL, Distributed by China Publications Centre	1982
孙犁	《风云初记》	*Stormy Years*	Gladys Yang	BJ：FLP	1982

续表

作者	原作	译作	译者	出版社	年份
孙犁	《孙犁小说选》[铁木前传]	*The Blacksmith and the Carpenter*	Sidney Shapiro, Gladys Yang, Yu Fanqin	BJ: CL, Distributed by China Publications Centre	1982
古华	《芙蓉镇》	*A Small Town Called Hibiscus*	Gladys Yang	BJ: CL, Distributed by China Publications Centre	1983
郭良蕙	《台北的女人》	*Taipei Women*	Constantine Tung	HK: New Enterprise Company	1983
蒋子龙	《赤橙黄绿青蓝紫》	*All the Colours of the Rainbow*	Wang Mingjie	BJ: CL, Distributed by China Publications Centre	1983
王蒙	《王蒙小说选》	*Butterfly and Other Stories*	various	BJ: CL, Distributed by China Publications Centre	1983
刘绍棠	《刘绍棠中篇小说选》[《蒲柳人家》]	*Catkin Willow Flats*	various	BJ: CL; San Francisco: China Books & Periodicals	1984
杨沫	《青春之歌》	*The Song of Youth*	Chen Qinghuang, Lin Yi (adapted)	BJ: FLTRP	1984
柏杨	[《秘密:柏杨短篇小说选》]	*Secrets: A Collection of Short Stories by Bo Yang*	David Deterding	HK: Joint Publishing Co.; Boston: Cheng & Tsui	1985
北岛	《波动》	*Waves: Stories*	Bonnie McDougall, Susette Ternent Cooke (trans., eds.)	HK: Chinese UP	1985

续表

作者	原作	译作	译者	出版社	年份
戴厚英	《人啊，人》	*Stones of the Wall*	Frances Wood	London：Michael Joseph；New York：St. Martin's Press（hardcover）	1985
冯骥才	《雕花烟斗及其他》	*Chrysanthemums and Other Stories*	Susan Wilf Chen	San Diego，CA：Harcourt Brace Jovanovich	1985
古华	《浮屠岭及其他》	*Pagoda Ridge and Other Stories*	Gladys Yang	BJ：CL，Distributed by China International Book Trading Corp.	1985
茹志娟	《茹志娟小说选》[《百合花及其他》]	*Lilies and Other Stories*	Gladys Yang et al.	BJ：CL；San Francisco：China Books & Periodicals Inc	1985
张贤亮	《绿化树》	*Mimosa and Other Stories*	Gladys Yang et al.	BJ：CL，Distributed by China International Book Trading Corp.	1985
陈若曦	《老人》	*The Old Man and Other Stories*	various	HK：Renditions，Chinese UP	1986
陈映真	[《在家流亡》]	*Exiles at Home：Stories by Ch'en Ying-chen*	Lucien Miller	Ann Arbor：Center for Chinese Studies，University of Michigan	1986
邓友梅	《邓友梅小说选》[烟壶及其他]	*Snuff-Bottles and Other Stories*	Gladys Yang	BJ：CL，Distributed by China International Book Trading Corp.	1986

续表

作者	原作	译作	译者	出版社	年份
李昂	《杀夫》	*The Butcher's Wife*	Howard Goldblatt, Ellen Yeung	San Francisco: North Point Press (hardcover); Boston: Beacon Press; Berkeley, CA: North Point Press	1986
陆文夫	[《梦中的天地》]	*A World of Dreams*	Yu Fanqin et al.	BJ: CL, Distributed by China International Book Trading Corp.; San Francisco: China Books & Periodicals	1986
彭歌	《黑色的泪》	*Black Tears: Stories of War-torn China*	Nancy C. Ing	Taipei, San Francisco: Chinese Materials Center	1986
西西	《像我这样的一个女子》	*A Girl Like Me and Other Stories*	Eva Hung et al.	HK: Renditions, Chinese UP	1986
张洁 1	《张洁小说选》[《爱，是不能忘记的》]	*Love Must Not Be Forgotten*	Gladys Yang et al.	San Francisco: China Books & Periodicals	1986
张系国	《棋王》	*Chess King: A Novel*	Ivan David Zimmerman	HK: Joint Publishing Co.; Singapore: Asiapac Books & Educational Aid	1986
张辛欣	《我们这个年纪的梦》	*The Dreams of Our Generation; and, Selections from Beijing's People*	Edward M. Gunn, Donna Jung, Patricia Farr	Ithaca, NY: East Asia Program, Cornell UP	1986

续表

作者	原作	译作	译者	出版社	年份
谌容	《人到中年》	*At Middle Age*	Gladys Yang, Linda Jaivin, Yu Fanqin et al.	BJ：CLP	1987
冯骥才	《冯骥才小说选》[《神鞭及其他》]	*The Miraculous Pigtail*	Gladys Yang et al.	BJ：CLP, Distributed by China International Book Trading Corp.	1987
高晓声	《高晓声小说选》[《解约》]	*The Broken Betrothal*	various	BJ：CLP, Distributed by China International Book Trading Corp.	1987
陆文夫	《美食家》	*The Gourmet and Other Stories of Modern China*	not indicated	London：Readers International; Columbia, LA：US/Canadian inquiries to Subscriber Service Dept.	1987
王蓝	《蓝与黑》	*The Blue and the Black*	David L. Steelman	Taipei, San Francisco：Chinese Materials Center	1987
张洁 1	《沉重的翅膀》1	*Leaden Wings*	Gladys Yang	London：Virago Press	1987
柏杨	[《辞行：柏杨短篇小说选》]	*A Farewell：A Collection of Short Stories*	Robert Reynolds	HK：Joint Publishing Co.	1988
玛拉沁夫	《玛拉沁夫小说选》[《科尔沁草原的人们》]	*On the Horqin Grassland*	various	BJ：CLP	1988

续表

作者	原作	译作	译者	出版社	年份
王安忆	《流逝》	*Lapse of Time*	Michael Day，Howard Goldblatt	BJ：CLP；San Francisco：China Books & Periodicals	1988
王安忆	《小城之恋》	*Love in a Small Town*	Eva Hung	HK：Renditions，Chinese UP	1988
叶君健	《火花》	*Sparks*	Ian Ward	BJ：CLP	1988
叶君健	《旷野》	*The Open Fields*	Michael Sheringham	London：Faber & Faber	1988
张洁 1	[《只要无事发生就好》]	*As Long As Nothing Happens Nothing Will：Stories*	Gladys Yang，Deborah J. Leonard，Zhang Andong	London：Virago Press	1988
张贤亮	《男人的一半是女人》	*Half of Man is Woman*	Martha Avery	London：Viking；New York；London：W. W. Norton；Toronto：Lester & Orpen Dennys	1988
残雪	《天堂里的对话》	*Dialogues in Paradise*	Ronald R. Janssen，Jian Zhang	Evanston，IL：Northwestern UP	1989
程乃珊	《蓝屋》	*The Blue House*	various	BJ：CLP	1989
程乃珊	《调音》	*The Piano Tuner*	Britten Dean	San Francisco：China Books & Periodicals	1989
高阳	[《高阳小说选译》]	*Stories by Gao Yang："Rekindled Love" and "Purple Jade Hairpin"*	Chan Sin-wai	HK：Chinese UP	1989

续表

作者	原作	译作	译者	出版社	年份
罗兰	《绿色小屋》	*The Little Green Cabin*	Penny Herbert	San Francisco: Chinese Materials Center	1989
马烽	《村仇》	*Vendetta*	Gladys Yang et al.	BJ: CLP	1989
王安忆	《小鲍庄》	*Baotown*	Martha Avery	London: Viking (hardcover); New York: W. W. Norton (hardcover)	1989
王蒙	《布礼》	*Bolshevik Salute: A Modernist Chinese Novel*	Wendy Larson	Seattle: University of Washington Press	1989
王蒙	《王蒙选集》	*Selected Works of Wang Meng, 2 vols, Ⅰ. The Strain of Meeting; Ⅱ. Snowball*	Denis C. Mair, Cathy Silber, Deirdre Huang	BJ: FLP	1989
叶君健	《远程》	*A Distant Journey*	Stephen Hallett	London: Faber & Faber	1989
张洁 1	《沉重的翅膀》2	*Heavy Wings*	Howard Goldblatt	New York: Grove Weidenfeld	1989
郑义	《老井》	*Old Well*	David Kwan	San Francisco: China Books & Periodicals	1989
朱晓平	《好男好女》	*Good Men and Good Women*	Hu Zhihui	Beijing: Publishing Cooperation Corporation	1989
Yuen Chung Yip	《华侨泪痕》	*The Tears of Chinese Immigrants*	Sheng-Tai Chang	Dunvegan, Ont.: Cormorant Books	1990

续表

作者	原作	译作	译者	出版社	年份
阿城	《阿城小说选》1 [《棋王、树王、孩子王》]	*Three Kings: Three Stories from Today's China*	Bonnie S. McDougall	London: Collins Harvill (hardcover)	1990
艾蓓	《红藤,绿地母》	*Red Ivy, Green Earth Mother*	Howard Goldblatt	Layton, Salt Lake City: Peregrine Smith Books	1990
白先勇	《孽子》	*Crystal Boys*	Howard Goldblatt	San Francisco: Gay Sunshine Press	1990
刘心武	《黑墙》	*Black Walls and Other Stories*	Don J. Cohn	HK: Renditions, Chinese UP	1990
铁凝	《麦秸垛》	*Haystacks*	various	BJ: CLP, Distributed by China International Book Trading Corp.	1990
汪曾祺	《晚饭后的故事》	*Story After Supper*	various	BJ: CLP	1990
虞雪	《玉兰》	*Yu Lan: A Chinese Short Story*	Robert Tung	Copenhagen: East Asian Institute, University of Copenhagen	1990
张承志	《黑骏马》	*The Black Steed*	Stephen Fleming	BJ: CLP, Distributed by China International Book Trading Corporation	1990
残雪	《苍老的浮云》	*Old Floating Cloud: Two Novellas*	Ronald R. Janssen, Jian Zhang	Evanston, IL: Northwestern UP	1991

续表

作者	原作	译作	译者	出版社	年份
贾平凹	《浮躁》	*Turbulence: A Novel*	Howard Goldblatt	Baton Rouge, LA: Louisiana State UP (hardcover)	1991
贾平凹	《天狗》	*The Heavenly Hound*	various	BJ: CLP	1991
李存葆	《高山下的花环》	*The Wreath at the Foot of the Mountain*	Chen Hanming, James O. Belcher	New York: Garland Publishing	1991
刘恒	《伏羲,伏羲》	*The Obsessed*	David Kwan	BJ: CLP	1991
刘恒	《黑的雪》1	*Black Snow*	David Kwan	BJ: CLP	1991
莫言	《爆炸》	*Explosions and Other Stories*	Janice Wickeri, Duncan Hewitt	HK: Renditions, Chinese UP	1991
史铁生	《命若琴弦》	*Strings of Life*	various	BJ: CLP	1991
王安忆	《荒山之恋》	*Love on a Barren Mountain*	Eva Hung	HK: Renditions, Chinese UP	1991
王蒙	[《新疆选集》]	*Tales from the Xinjiang Exile: Life Among the Uighurs*	Li-Hua Ying, Kang H. Jin	Annandale-on-Hudson, NY: Bogos & Rosenberg	1991
王若望	《饥饿三部曲》	*Hunger Trilogy*	Kyna Rubin, with Ira Kasoff	Armonk, NY: M. E. Sharpe	1991
张抗抗	[《张抗抗后知青小说选》]	*Living with Their Past: Post-Urban Youth Fiction*	various	HK: Renditions, Chinese UP	1991

续表

作者	原作	译作	译者	出版社	年份
张贤亮	《习惯死亡》	*Getting Used to Dying*	Martha Avery	New York; London; Toronto: Flamingo, Harper Collins	1991
陈若曦	[《陈若曦短篇小说集》]	*The Short Stories of Chen Ruoxi: A Writer at the Crossroads*	Hsin-sheng C. Kao	Lewiston, ME: Edwin Mellen	1992
韩少功	《归去来》	*Homecoming? and Other Stories*	Martha Cheung	HK: Renditions, Chinese UP	1992
霍达	《穆斯林的葬礼》	*The Jade King: History of a Chinese Muslim Family*	Guan Yuehua, Zhong Liangbi	BJ: CLP	1992
梁晓声	《黑纽扣》	*The Black Button*	various	BJ: CLP, Distributed by China International Book Trading Corp.	1992
林海音	《城南旧事》	*Memories of Peking: South Side Stories*	Nancy C. Ing, Chi Pang-yuan	HK: Chinese UP	1992
孙力、余小惠	《都市风流》	*Metropolis*	David Kwan	BJ: CLP	1992
王安忆	《锦绣谷之恋》	*Brocade Valley*	Bonnie McDougall, Chen Maiping	New York: New Directions	1992
扎西达娃	《西藏,系在皮绳结上的魂》	*A Soul in Bondage: Stories from Tibet*	various	BJ: CLP, Distributed by China International Book Trading Corporation	1992

续表

作者	原作	译作	译者	出版社	年份
曹桂林	《北京人在纽约》	*Beijinger in New York*	Ted Wang	San Francisco：Cypress Book Co.	1993
程乃珊	《金融家》	*The Banker*	Britten Dean	San Francisco：China Books & Periodicals	1993
丁小琦	《女儿楼》	*Maidenhome*	Chris Berry，Cathy Silber	South Melbourne：Hyland House in association with Monash Asia Institute，Monash University；Dunedin，NZ：University of Otago Press	1993
金庸	《雪山飞狐》	*Fox Volant of the Snowy Mountain*	Olivia Mok	HK：Chinese UP	1993
柯岩	《寻找回来的世界》	*The World Regained*	Wu Jingshu，Wang Ningjun	BJ：FLP	1993
李碧华	《霸王别姬》	*Farewell to My Concubine：A Novel*	Andrea Lingenfelter	New York：William Morrow (hardcover)	1993
刘恒	《黑的雪》2	*Black Snow：A Novel of the Beijing Demimonde*	Howard Goldblatt	New York：Atlantic Monthly Press (hardcover)	1993
刘索拉	《蓝天碧海》	*Blue Sky Green Sea and Other Stories*	Martha Cheung	HK：Renditions，Chinese UP	1993

续表

作者	原作	译作	译者	出版社	年份
陆星儿	《啊！青鸟》1	*Oh! Blue Bird*	various	BJ：CLP，Distributed by China International Book Trading Corp.	1993
马宁	《扬子江摇篮曲》	*Broad Sworder*	Liu Shicong	BJ：CLP	1993
莫言	《红高粱家族》	*Red Sorghum：A Novel of China*	Howard Goldblatt	New York：Viking；London：Heinemann	1993
苏童	《妻妾成群》	*Raise the Red Lantern：Three Novellas*	Michael Duke	New York：William Morrow	1993
王蒙	[《异化》]	*Alienation*	Nancy Lin，Tong Qi Lin	HK：Joint Publishing Co.	1993
王文兴	《背海的人》	*Backed Against the Sea*	Edward Gunn	Ithaca，NY：East Asia Program，Cornell UP	1993
西西	《我城》	*My City：A Hong Kong Story*	Eva Hung	HK：Renditions，Chinese UP	1993
益希单增	《幸存的人》	*The Defiant Ones*	David Kwan	BJ：CLP	1993
郑万龙	[《异乡异闻：郑万隆短篇小说集》]	*Strange Tales from Strange Lands：Stories by Zheng Wanlong*	various	Ithaca，NY：East Asia Program，Cornell UP	1993
艾芜	《芭蕉谷》	*Banana Vale*	not indicated	BJ：FLP	1994
白桦	《远方有个女儿国》	*The Remote Country of Women*	Wu Qingyun，Thomas O. Beebee	Honolulu：University of Hawaii Press	1994

续表

作者	原作	译作	译者	出版社	年份
池莉	《不谈爱情》	*Apart from Love*	various	BJ：CLP，Distributed by China International Book Trading Corp.；San Francisco：China Books & Periodicals	1994
方艾	《杨乃武与小白菜》	*The Scholar and the Serving Maid：A Qing Dynasty Mystery*	Yu Fanquin，Esther Samson	BJ：CLP	1994
冯骥才	《三寸金莲》	*The Three-Inch Golden Lotus*	David Wakefield	Honolulu：University of Hawaii Press	1994
金庸	《鹿鼎记》	*The Deer and the Cauldron：The Adventures of a Chinese Tricksters：Two Chapters from a Novel*	John Minford	Canberra，ACT：Institute of Advanced Studies，Australian National University	1994
刘索拉	《混沌加哩格楞》	*Chaos and All That：An Irreverent Novel*	Richard King	Honolulu：University of Hawaii Press	1994
刘震云	《官场》	*The Corridors of Power*	Paul White et al.	BJ：CLP	1994
王蒙	《坚硬的稀粥》	*The Stubborn Porridge and Other Stories*	Zhu Hong	New York：George Braziller	1993
王为政	《听画》	*Recluse of the Heavenly House*	Liu Shicong	BJ：CLP	1994

续表

作者	原作	译作	译者	出版社	年份
无名氏	《红鲨》	*Red in Tooth and Claw*	Alexander Chung-hsuan Tung	New York：Grove Press	1994
张贤亮	《烦恼就是智慧》	*Grass Soup*	Martha Avery	London：Secker and Warburg	1994
阿成	《空坟》	*Unfilled Graves*	Chen Haiyan	BJ：CLP	1995
陈源斌	《万家诉讼》	*The Story of Qiuju*	Anna Walling et al.	BJ：CLP	1995
储福金	《裸野》	*The Naked Fields*	Bill Bishop，Li Ziliang	BJ：CLP	1995
李昂	[《杀夫及其他》]	*The Butcher's Wife and Other Stories*	Howard Goldblatt	Boston：Cheng & Tsui	1995
凌力	《少年天子》	*Son of Heaven*	David Kwan	BJ：CLP	1995
刘以鬯	[《蟑螂的一生及其他》]	*The Cockroach and Other Stories*	Florence Ho，Josephine Kung	HK：Renditions，Chinese UP	1995
马波	《血色黄昏》	*Blood Red Sunset*	Howard Goldblatt	New York：Viking Press	1995
莫言	《天堂蒜薹之歌》	*The Garlic Ballads*	Howard Goldblatt	New York：Viking；London：Hamish Hamilton	1995
苏童	《米》	*Rice*	Howard Goldblatt	New York：William Morrow	1995
王文兴	《家变》	*Family Catastrophe：A Modernist Novel*	Susan Wan Dolling	Honolulu：University of Hawaii Press	1995

续表

作者	原作	译作	译者	出版社	年份
周大新	《银饰》	*For Love of a Silversmith*	not indicated	BJ：CLP	1995
竹林	《挚爱在人间》	*Abiding Love*	Hu Zhihui	Shanghai：Shanghai Far East Publishers.	1995
方方	《中国当代女作家作品选 5》	*Contemporary Chinese Women Writers，V：Three Novellas By Fang Fang*	David Kwan	BJ：CLP	1996
古华	《贞女》	*Virgin Widows*	Howard Goldblatt	Honolulu：University of Hawaii Press	1996
郭雪波	《沙狼》	*The Desert Wolf*	Ma Ruofeng et al.	BJ：CLP	1996
贾平凹	《晚雨》	*Heavenly Rain*	various	BJ：CLP	1996
金敬迈	《欧阳海之歌》	*The Song of Ou-yang Hai*	Sidney Shapiro，Tung Chen-shen	BJ：FLP	1996
杨仕、岳南	《风雪定陵》	*The Dead Suffered Too：The Excavation of a Ming Tomb*	Zhang Tingquan，English text edited by Bertha Sneck	BJ：CLP，Distributed by China International Book Trading Corp.	1996
余华	《往事与刑罚》	*The Past and the Punishments：Eight Stories*	Andrew F. Jones	Honolulu：University of Hawaii Press	1996

续表

作者	原作	译作	译者	出版社	年份
张抗抗	《隐形伴侣》	*The Invisible Companion*	Daniel Bryant	BJ：New World Press，Distributed by China International Book Trading Corp.	1996
张贤亮	《我的菩提树》	*My Bodhi Tree*	Martha Avery	London：Secker and Warburg	1996
残雪	《绣花鞋的故事》	*The Embroidered Shoes：Stories*	Ronald R. Janssen，Jian Zhang	New York：Henry Holt	1997
虹影	《背叛之夏》	*Summer of Betrayal*	Martha Avery	New York：Farrar Straus and Giroux（hardcover）；London：Bloomsbury（hardcover）	1997
贾平凹	《古堡》	*The Castle*	Shao-pin Luo	Toronto：York Press	1997
金庸	《鹿鼎记》	*The Deer and the Cauldron：A Martial Arts Novel，vol. 1*	John Minford	Oxford；New York：Oxford UP	1997
李锐	《旧址》	*Silver City*	Howard Goldblatt	New York：Metropolitan Books，Henry Holt and Co.	1997
孟瑶	《满城风絮》	*Talk of the Town*	Edel M. Lancashire	London：Minerva Press	1997
王朔	《玩的就是心跳》	*Playing for Thrills*	Howard Goldblatt	New York：William Morrow（hardcover）；Harpenden：No Exit（paperback）	1997

续表

作者	原作	译作	译者	出版社	年份
西西	《浮城志异》	*Marvels of a Floating City and other Stories: An Authorized Collection*	Eva Hung, John Dent-Young, Esther Dent-Young	HK: Renditions, Chinese UP	1997
徐星	[《无主题变奏及其他》]	*"Variations Without a Theme" and Other Stories*	Maria Galikowski, Lin Min	Broadway, NSW: Wild Peony; Honolulu: International distribution, University of Hawaii Press	1997
东年	《初旅》	*Setting Out: The Education of Li-li*	Mike O'Connor	Port Angeles, WA: Pleasure Boat Studio	1998
虹影	《饥饿的女儿》	*Daughter of the River*	Howard Goldblatt	London: Bloomsbury; New York: Grove Press	1998
林希	《天津江湖传奇》	*King of the Wizards*	Sun Yìfeng, Doan Shaledi, Li Guoqing	BJ: CLP	1998
聂鑫森	《镖头杨三》	*Deliverance-Armed Escort and Other Stories*	not indicated	BJ: CLP	1998
琼瑶	《烟雨蒙蒙》	*Fire and Rain*	Mark Wilfer	Sydney: Pan Macmillan	1998
王克难	《流浪者之歌》	*The Song of the Wanderer*	Mitchell-Foust	Irvine, CALIF: James Publishing Company	1998
王祯和	《玫瑰玫瑰我爱你》	*Rose, Rose, I Love You*	Howard Goldblatt	New York: Columbia UP	1998

续表

作者	原作	译作	译者	出版社	年份
徐小斌	《敦煌遗梦》	*Dunhuang Dream: A Novel*	not indicated	BJ：CLP，Distributed by China International Book Trading Corp.	1998
张欣	《张欣小说选》	*Contemporary Chinese Women Writers，VI: Four Novellas by Zhang Xin*	various	BJ：CLP	1998
竹林	[《蛇枕头花及江南故事》]	*Snake's Pillow and Other Stories*	Richard King	Honolulu：University of Hawaii Press	1998
宗璞	《三生石》	*The Everlasting Rock*	Aimee Lykes	Boulder，CO：Lynne Rienner Publishers	1998
阿城	《阿城小说选》2	*Selected Stories by A Cheng，bilingual*	W. J. F. Jenner，Gladys Yang，Stephen Fleming	BJ：CLP & FLTRP	1999
艾芜	《艾芜小说选》	*Selected Stories by Ai Wu，bilingual*	various	BJ：CLP & FLTRP	1999
谌容	《谌容小说选》	*Selected Stories by Shen Rong，bilingual*	Yu Fanqin，Wang Mingjie，Gladys Yang	BJ：CLP & FLTRP	1999
邓友梅	《邓友梅小说选》	*Selected Stories by Deng Youmei，bilingual*	Gladys Yang	BJ：CLP & FLTRP	1999
冯骥才	《冯骥才小说选》	*Selected Stories by Feng Jicai，bilingual*	Gladys Yang，John Moffett	BJ：CLP & FLTRP	1999

续表

作者	原作	译作	译者	出版社	年份
高晓声	《高晓声小说选》	*Selected Stories by Gao Xiaosheng*, *bilingual*	not indicated	BJ：CLP & FLTRP	1999
虹影	《辣椒式的口红》	*A Lipstick Called Red Pepper: Fiction about Gay and Lesbian Love in China*	Herbert Batt et al.	Bochum：Ruhr University Press	1999
贾平凹	《贾平凹小说选》	*Selected Stories by Jia Pingwa*, *bilingual*	Josephine A. Matthews, Ling Yuan	BJ：CLP & FLTRP	1999
姜贵	《重阳》	*Rival Suns—A Translation for the Chinese Novel Chung-yang*	Timothy A. Ross	Lewiston，ME：Edwin Mellen Press	1999
蒋子龙	《蒋子龙小说选》	*Selected Stories by Jiang Zilong*	Wang Mingjie	BJ：CLP & FLTRP	1999
金庸	《鹿鼎记》	*The Deer and the Cauldron: a Martial Arts Novel*, *vol*. 2	John Minford	Oxford; New York: Oxford UP	1999
林希	《林希小说选》	*Selected Stories by Lin Xi*, *bilingual*	Doan Shaledi, Li Guoqing	BJ：CLP & FLTRP	1999
刘恒	《刘恒小说选》	*Selected Stories by Liu Heng*, *bilingual*	David Kwan, William Riggle	BJ：CLP & FLTRP	1999
刘绍棠	《刘绍棠小说选》	*Selected Stories by Liu Shaotang*, *bilingual*	Alex Young, Kuang Wendong	BJ：CLP & FLTRP	1999

续表

作者	原作	译作	译者	出版社	年份
刘震云	《刘震云小说选》	*Selected Stories by Liu Zhenyun*, bilingual	Paul White, Ma Aiying	BJ: CLP & FLTRP	1999
陆文夫	《陆文夫小说选》	*Selected Stories by Lu Wenfu*, bilingual	Ralph Lake, Rosie A. Roberts, Yu Fanqin	BJ: CLP & FLTRP	1999
史铁生	《史铁生小说选》	*Selected Stories by Shi Tiesheng*, bilingual	various	BJ: CLP & FLTRP	1999
铁凝	《铁凝小说选》	*Selected Stories by Tie Ning*, bilingual	not indicated	BJ: CLP & FLTRP	1999
汪曾祺	《汪曾祺小说选》	*Selected Stories by Wang Zengqi*, bilingual	various	BJ: CLP & FLTRP	1999
王安忆	《王安忆小说选》	*Selected Stories by Wang Anyi*, bilingual	Michael Day, Howard Goldblatt	BJ: CLP & FLTRP	1999
王蒙	《王蒙小说选》	*Selected Stories by Wang Meng*, bilingual	various	BJ: CLP & FLTRP	1999
严歌苓	[《白蛇及其他》]	*White Snake and Other Stories*	Lawrence A. Walker	San Francisco: Aunt Lute Books	1999
扎西达娃	《扎西达娃小说选》	*Selected Stories by Tashi Dawa*, bilingual	various	BJ: CLP & FLTRP	1999

续表

作者	原作	译作	译者	出版社	年份
张承志	《张承志小说选》	*Selected Stories by Zhang Chengzhi*, *bilingual*	Zhang Siying, Stephen Fleming	BJ：CLP & FLTRP	1999
张洁 1	《张洁小说选》	*Selected Stories by Zhang Jie*, *bilingual*	Gao Yan, Gladys Yang	BJ：CLP & FLTRP	1999
郑清文	《三脚马》	*The Three-Legged Horse*	Carlos G. Tee et al.	New York：Columbia UP	1999
朱天文	《荒人手记》	*Notes of a Desolate Man*	Howard Goldblatt, Sylvia Li-Chun Lin	New York：Columbia UP	1999
白先勇	《台北人》	*Taipei People*	Bai Xianyong, Patia Yasin	HK：Chinese UP	2000
陈放	《天怒：反贪局在行动》	*The Wrath of Heaven: Scandal at the Top in China*	Pang Sing-hong	HK：Edko Publishing	2000
李敖	《北京法源寺》	*Martyrs' Shrine: The Story of the Reform Movement of 1898 in China*	Leo Ding, Tony Wen, Wu-wu Young	Oxford; New York: Oxford UP	2000
莫言	《酒国》	*Republic of Wine*	Howard Goldblatt	New York: Arcade Publishing, Distributed by Time Warner Trade Publishing (hardcover and paperback); London: Hamish Hamilton (hardcover)	2000

续表

作者	原作	译作	译者	出版社	年份
王朔	《千万别把我当人》	*Please Don't Call Me Human*	Howard Goldblatt	New York：Hyperion East（hardcover）；Harpenden：No Exit（paperback）	2000
无名氏	《花的恐怖》	*Flower Terror*	Richard Ferris，Jr.，Andrew Morton	Dumont，NJ：Homa and Sekey Books	2000
西西	《飞毡》	*Flying Carpet：A Tale of Fertilla*	Diana Yue	HK：HK University Press	2000
萧丽红	《千江有水千江月》	*A Thousand Moons on a Thousand Rivers*	Michelle Min-chia Wu	New York：Columbia UP	2000
张爱玲	《鸿鸾禧》	*Traces of Love and Others Stories*	various	HK：Renditions，Chinese UP	2000
张大春	《野孩子》	*Wild Kids：Two Novels about Growing up*	Michael Berry	New York；Chichester，West Sussex：Columbia UP	2000
黄春明	《苹果的滋味》	*The Taste of Apples*	Howard Goldblatt	New York：Columbia UP	2001
李乔 2	《寒夜》	*Wintry Night*	Taotao Liu，John Balcolm	New York：Columbia UP	2001
梁晓声	[《梁晓声讽刺小说选》]	*Panic and Deaf：Two Modern Satires by Liang Xiaosheng*	Hanming Chen	Honolulu：University of Hawaii Press	2001
刘恒	《苍河白日梦》	*Green River Daydreams：A Novel*	Howard Goldblatt	New York：Grove Press（hardcover）；London：Atlantic Books（paperback）	2001

续表

作者	原作	译作	译者	出版社	年份
马建	《红尘》	*Red Dust: A Path Through China*	Flora Drew	London: Chatto and Windus	2001
莫言	《师傅越来越幽默》	*Shifu, You'll Do Anything for a Laugh*	Howard Goldblatt	New York: Arcade Publishing	2001
王克难	《初雪》	*First Snow*	not indicated	Irvine, CALIF: James Publishing Company	2001
卫慧	《上海宝贝》	*Shanghai Baby*	Bruce Humes	New York; Toronto: Pocket Books; New York: Atria Books (hardcover); New York; London: Washington Square Press; London: Robinson Publishing (paperback); New York: Simon & Schuster (paperback)	2001
严歌苓	《扶桑》	*The Lost Daughter of Happiness*	Cathy Silber	London: Faber and Faber (hardcover); New York: Hyperion East (paperback)	2001
阿来	《尘埃落定》	*Red Poppies: A Novel*	Howard Goldblatt, Sylvia Li-chun Lin	Boston: Houghton Mifflin; London: Methuen; Ringwood, Vic.: Penguin	2002

续表

作者	原作	译作	译者	出版社	年份
虹影	《K》	*K: The Art of Love*	Henry Zhao, Nicky Harman	London ; New York: Marion Boyars; Saint Paul, MN: Distributed in the USA by Consortium Book Sales	2002
金庸	《鹿鼎记》	*The Deer and the Cauldron: A Martial Arts Novel*, *vol. 3*	John Minford	Oxford; New York: Oxford UP	2002
刘奥	《云断澳洲路》	*Oz Tale Sweet and Sour*	Robert Apedaile, Leo Xi Rang Liu	Scarsdale, VIC: Papyrus Publishing [Australia]	2002
叶兆言	《一九三七年的爱情》	*Nanjing, 1937: A Love Story*	Michael Berry	New York: Columbia UP	2002
韩少功	《马桥词典》	*A Dictionary of Maqiao*	Julia Lovell	New York: Columbia UP	2003
李永平	《吉陵春秋》	*Retribution: The Jiling Chronicles*	Howard Goldblatt, Sylvia Li-chun Lin	New York; Chichester, West Sussex: Columbia UP	2003
棉棉	《糖》	*Candy*	Andrea Lingenfelter	Boston; New York; London: Little, Brown and Company	2003
余华	《活着》	*To Live*	Michael Berry	New York: Anchor Books	2003
余华	《许三观卖血记》	*Chronicle of a Blood Merchant*	Andrew F. Jones	New York: Pantheon Books (hardcover); Toronto: Random House of Canada Ltd.	2003

续表

作者	原作	译作	译者	出版社	年份
张系国	《城三部曲》	*The City Trilogy: Five Jade Disks, Defenders of the Dragon City, and Tale of a Feather*	John Balcolm	New York：Columbia UP	2003
张雅文	《盖世太保枪口下的中国女人》	*A Chinese Woman at Gestapo Gunpoint*	Chen Haiyan，Li，Ziliang	BJ：FLP	2003
陈染	《私人生活》	*A Private Life*	John Howard-Gibbon	New York；Chichester，West Sussex：Columbia UP	2004
迟子建	[《超自然的虚构》]	*Figments of the Supernatural*	Simon Patton	Sydney：James Joyce Press	2004
春树	《北京娃娃》	*Beijing Doll: A Novel*	Howard Goldblatt	New York：Riverhead Trade；London：Abacus	2004
郭小橹	《我心中的石头镇》	*Village of Stone*	Cindy Carter	London：Chatto and Windus（hardcover and paperback）	2004
虹影	《孔雀的叫喊》	*Peacock Cries at the Three Gorges*	Mark Smith，Henry Zhao	London；New York：Marion Boyars	2004
金庸	《书剑恩仇录》	*The Book and the Sword*	Graham Earnshaw	Oxford；HK；New York：Oxford UP	2004
马建	《拉面者》	*The Noodle Maker*	Flora Drew	London：Chatto and Windus	2004
莫言	《丰乳肥臀》	*Big Breasts and Wide Hips*	Howard Goldblatt	New York：Arcade Publishing	2004

续表

作者	原作	译作	译者	出版社	年份
阿城	《棋王》2	*The Chess Master*	W. J. F. Jenner	HK：Chinese UP	2005
迟子建	《原野上的羊群》	*A Flock in the Wilderness*	Xiong Zhenru et al.	BJ：FLP	2005
古龙	《萧十一郎》	*The Eleventh Son：A Novel of Martial Arts and Tangled Love*	Rebecca S. Tai	Paramus，NJ：Homa and Sekey Books	2005
陆星儿	《达紫香悄悄地开了》	*The Mountain Flowers Have Bloomed Quietly*	Tang Sheng，Anne-Marie Traeholt，Mark Kruger	BJ：FLP	2005
秦文君	《天堂街 3 号》	*3 Tian Tang Street*	Xiaozhen Wu	San Francisco：Long River Press；Shanghai：Shanghai Press and Publishing Development Co.	2005
施叔青（施叔卿）	《香港三部曲》	*City of the Queen*	Howard Goldblatt，Sylvia Li-chun Lin	New York：Columbia UP	2005
苏童	《我的帝王生涯》	*My Life as Emperor*	Howard Goldblatt	New York：Hyperion East（hardcover）；London：Faber & Faber（paperback）	2005
卫慧	《我的禅》	*Marrying Buddha*	Larissa N. Heinrich	London：Constable and Robinson；Sydney：Picador	2005
友友	《河潮》	*Ghost Tide*	Ben Carrdus	Pymble，New South Wales：Harper Collins Publishers	2005
张洁 2	《敲门的女孩子》	*She Knocked at the Door*	Sylvia Yu，Julian Chen	San Francisco：Long River Press	2005

续表

作者	原作	译作	译者	出版社	年份
郑清文	《玉兰花》	*Magnolia: Stories of Taiwanese Women*	Jenn-Shann Lin, Lois Stanford	Santa Barbara, CA: Center for Taiwan Studies, University of California	2005
残雪	《天空里的蓝光》	*Blue Light in the Sky and Stories Other*	Karen Gernant, Chen Zeping	New York: New Directions Books	2006
曹文轩	《草房子》	*Straw Houses*	Sylvia Yu, Julian Chen	New York: Better Link Press	2006
陈丹燕	《我的妈妈是精灵》	*My Mother Is a Fairy*	J. J. Jiang	New York: Better Link Press	2006
平路	《行道天涯》	*Love and Revolution*	Nancy Du	New York: Columbia UP	2006
毕飞宇	《青衣》	*The Moon Opera*	Howard Goldblatt, Sylvia Li-chun Lin	London: Telegram Books (paperback); Boston: Houghton Mifflin Harcourt (hardcover)	2007
方方	《风景》	*Children of the Bitter River: A Novel*	Herbert Batt	Norwalk, CT: Eastbridge Books	2007
梁秉钧	[《岛和大陆》]	*Islands and Continents: Short Stories by Leung Ping-Kwan*	Jeanne Tai et al.	HK: HK University Press	2007
彭学军	《你是我的妹》	*Sister*	Zheng Wu	New York: Better Link Press	2007
苏童	《碧奴》	*Binu and the Great Wall: The Myth of Meng*	Howard Goldblatt	Edinburgh: Canongate Books Ltd.	2007

续表

作者	原作	译作	译者	出版社	年份
王小波	[《王的爱欲枷锁》]	*Wang in Love and Bondage: Three Novellas by Wang Xiaobo*	Hongling Zhang, Jason Sommer	Albany: State University of New York Press	2007
杨绛	《洗澡》	*Baptism*	Judith Armory, Shihua Yao	HK: HK University Press	2007
余华	《呼喊与细雨》	*Cries in the Drizzle*	Allan H. Barr	New York: Anchor Books	2007
张爱玲	《色·戒》	*Lust, Caution: The Story*	Julia Lovell	New York: Anchor Books	2007
张贵兴	《我思念的长眠中的南国公主》	*My South Seas Sleeping Beauty: A Tale of Memory and Longing*	Valerie Jaffe	New York: Columbia UP	2007
张炜	《九月寓言》	*September's Fable*	Terrence Russell, Shawn Xian Ye	Paramus, NJ: Homa and Sekey Books	2007
朱天心	《古都》	*The Old Capital*	Howard Goldblatt	New York: Columbia UP	2007
朱文	《我爱美元》	*I Love Dollars and Other Stories of China*	Julia Lovell	New York: Columbia UP	2007
郭松芬	《奔跑的母亲》	*Running Mother and Other Stories*	John Balcolm	New York: Columbia UP	2008
郭小橹	《芬芳的三十七度二》	*Twenty Fragments of a Ravenous Youth*	Rebecca Morris, Pamela Casey	London: Chatto and Windus	2008

续表

作者	原作	译作	译者	出版社	年份
韩东	《扎根》	*Banished! A Novel*	Nicky Harman	Honolulu: University of Hawaii Press	2008
虹影	《上海王》	*The Concubine of Shanghai*	Liu Hong	London; New York: Marion Boyars	2008
姜戎	《狼图腾》	*Wolf Totem*	Howard Goldblatt	New York: Penguin (hardcover and paperback)	2008
马建	《北京植物人》	*Beijing Coma*	Flora Drew	New York: Farrar, Straus and Giroux; London: Chatto & Windus; Toronto: A. A. Knopf Canada	2008
莫言	《生死疲劳》	*Life and Death Are Wearing Me Out: A Novel*	Howard Goldblatt	New York: Arcade Publishing	2008
苏童	《桥上的疯妈妈》	*Madwoman on the Bridge*	Josh Stenberg	London: Black Swan	2008
王安忆	《长恨歌》	*Song of Everlasting Sorrow*	Michael Berry, Susan Chan Egan	New York: Columbia UP	2008
王力雄	《黄祸》	*China Tidal Wave: A Novel*	Anton Platero	Folkestone, Kent: Global Oriental	2008
张炜	《古船》	*The Ancient Ship*	Howard Goldblatt	New York: Harper Collins (hardcover); London: Harper Perennial (paperback)	2008

续表

作者	原作	译作	译者	出版社	年份
残雪	《五香街》	*Five Spice Street*	Karen Gernant, Zeping Chen	New Haven; London: Yale UP	2009
曹乃谦	《到黑夜想你没办法》	*There's Nothing I Can Do When I Think of You Late at Night*	John Balcom	New York: Columbia UP	2009
陈希我	《遮蔽》	*I Love My Mum*	Nicky Harman	HK: Make-Do Publishing	2009
李洱	《现场》	*The Crime Scene*	Hu Lingque	New York: Better Link Press	2009
慕容雪村	《成都,今夜请将我遗忘》	*Leave Me Alone: A Novel of Chengdu*	Harvey Thomlinson	Crows Nest, N. S. W.: Allen &Unwin	2009
潘国灵	《失落园》	*The Lost Land*	Michael Judd	Iowa: Heroes & Criminals Press	2009
王刚	《英格力士》	*English: A Novel*	Martin Merz, Jane Weizhen Pan	New York: Viking Adult	2009
须一瓜	《穿过欲望的酒水车》	*The Sprinkler*	Wu Xiaozhen	New York: Better Link Press	2009
徐小斌	《羽蛇》	*Feathered Serpent*	Howard-Gibbon, Joanne Wang	New York: Atria International (hardcover); London: Simon & Schuster (hardcover)	2009
杨显惠	《夹边沟记事》	*Woman from Shanghai: Tales of Survival from a Chinese Labor Camp*	Wen Huang	New York: Pantheon	2009

续表

作者	原作	译作	译者	出版社	年份
余华	《兄弟》	*Brothers: A Novel*	Eileen Cheng-yin Chow, Carlos Rojas	New York: Pantheon Books (hardcover); London: Picador (paperback)	2009
毕飞宇	《玉米》	*Three Sisters*	Howard Goldblatt, Sylvia Li-chun Lin	London: Telegram; New York: Houghton Mifflin Harcourt	2010
陈村	《象》	*The Elephant*	Yawtsong Lee	New York: Better Link Press; Zurich: Shanghai Press; Enfield: Publishers Group UK [distributor]	2010
程乃珊	《当一个婴儿诞生的时候》	*When a Baby is Born*	Benjamin Chang	New York: Better Link Press; Zurich: Shanghai; Enfield: Publishers Group UK [distributor]	2010
胡昉	《镜花园》	*Garden of Mirrored Flowers*	Melissa Lim	Berlin: Sternberg Press; Guangzhou: Vitamin Creative Space	2010
李晓	《民谣》	*Folk Song*	Wu Xiaozhen, Qiu Maoru	New York: Better Link Press	2010
陆星儿	《啊！青鸟》2	*Ah! Blue Bird*	Wu Yanting	New York: Better Link Press; Zurich: Shanghai; Enfield: Publishers Group UK [distributor]	2010

续表

作者	原作	译作	译者	出版社	年份
莫言	《变》	*Change*（*SB-What Was Communism?*）	Howard Goldblatt	London；New York；Calcutta：Seagull Books	2010
苏童	《刺青时代：三部中篇小说集》	*Tattoo：Three Novellas*	Josh Stenberg	Portland，Me：MerwinAsia	2010
苏童	《河岸》	*The Boat to Redemption：A Novel*	Howard Goldblatt	London：Doubleday；Black Swan	2010
孙甘露	《信使之函》	*The Messenger's Letter*	Danial Clutton，Gina Wang，He Jing	New York Betterlink Press；Shanghai：Shanghai Press and Publishing Development Company；Zurich：Shanghai；Enfield：Publishers Group UK [distributor]	2010
孙颙	《四十朵玫瑰》	*Forty Roses*	Yang Yunqin，Yang Shuhui	New York：Better Link Press；Zurich：Shanghai；Enfield：Publishers Group UK [distributor]	2010
唐颖	《糜烂》	*Dissipation*	Qiu Maoru	New York；Zurich：Better Link Press；Zurich：Shanghai；Enfield：Publishers Group UK [distributor]	2010

续表

作者	原作	译作	译者	出版社	年份
铁凝	《永远有多远》	*How Long Is Forever?: Two Novellas*	Qiu Maoru, Wu Yanting	Pleasantville, NY: Reader's Digest Association; New York: Better Link Press; Shanghai: Shanghai Press and Publishing Development Company	2010
王安忆	《王安忆短篇小说集》	*The Little Restaurant*	Yawtsong Lee	New York: Better Link Press; Shanghai : Shanghai Press and Publishing Development Company	2010
王小鹰	《一路风尘》	*Vicissitudes of Life*	Qiu Maoru	New York: Better Link Press; Zurich: Shanghai; Enfield: Publishers Group UK [distributor]	2010
王晓玉	《正宫娘娘》	*His One and Only*	Yang Yunqin, Yang Shuhui	New York: Better Link Press; Zurich: Shanghai; Enfield: Publishers Group UK [distributor]	2010
叶辛	《玉蛙》	*A Pair of Jade Frogs*	Yawtsong Lee	New York: Better Link Press; Zurich: Shanghai; Enfield: Publishers Group UK [distributor]	2010
赵长天	《再见许鹄》	*Goodbye, Xu Hu!*	Yawtsong Lee	New York: Better Link Press; Zurich: Shanghai; Enfield: Publishers Group UK [distributor]	2010

续表

作者	原作	译作	译者	出版社	年份
艾米	《山楂树之恋》	*Under the Hawthorn Tree*	Anna Holmwood	Toronto：Anansi International；London：Virago	2011
残雪	《垂直运动及其他》	*Vertical Motion：Short Stories*	Karen Gernant，Zeping Chen	Rochester，NY：Open Letter	2011
陈冠中	《盛世》	*The Fat Years*	Michael Duke	New York：Nan A. Talese/Doubleday；London：Doubleday	2011
黄凡	《零》	*Zero and Other Fictions*	John Balcolm	New York：Columbia UP	2011
李洱	《1919 年的魔术师》	*The Magician of 1919*	Jane Weizhen Pan，Martin Merz	HK：Make-Do Publishing，	2011
林哲	《外婆的古城》	*Old Town*	George A. Fowler	Las Vegas：AmazonCrossing	2011
刘震云	《手机》	*Cell Phone*	Howard Goldblatt	Portland，ME：MerwinAsia	2011
马原	《喜马拉雅古歌》	*Ballad of the Himalayas：Stories of Tibet*	Herbert Batt	Portland，ME：MerwinAsia	2011
木心	《空房》	*An Empty Room：Stories*	Toming Jun Liu	New York：New Directions；Canada：Penguin Books Canada	2011
史铁生	《命若琴弦》	*String of Life*	Mark Wallace，Shi Junbao，Fan Haixiang	BJ：FLTRP	2011
汪曾祺	《受戒》	*The Love Story of A Young Monk*	Hu Zhihui，Shen Zhen	BJ：FLTRP	2011

续表

作者	原作	译作	译者	出版社	年份
王文兴	《无休止的战争》	*Endless War: Fiction and Essays by Wang Wen-hsing*	Shu-ning Sciban, Fred Edwards	Ithaca, NY: East Asian Program, Cornell UP	2011
徐磊	《盗墓笔记 1》	*Cavern of the Blood Zombies* (*The Grave Robbers' Chronicles Book 1*)	Kathy Mok	San Francisco: ThingsAsian Press	2011
徐磊	《盗墓笔记 2：怒海潜沙》	*Angry Sea, Hidden Sands* (*The Grave Robbers' Chronicles Book 2*)	Kathy Mok	San Francisco: ThingsAsian Press	2011
阎连科	《丁庄梦》	*Dream of Ding Village*	Cindy Carter	London: Corsair, an imprint of Constable	2011
张抗抗	《白罂粟》	*White Poppies and Other Stories*	Karen Gernant, Zeping Chen	Ithaca, NY: East Asia Program, Cornell UP	2011
张翎	金山	*Gold Mountain Blues*	Nicky Harman	Toronto: Viking Canada	2011
阿来	[《西藏魂：阿来短篇小说集》]	*Tibetan Soul: Stories*	Karen Gernant, Zeping Chen	Portland, ME: MerwinAsia	2012
安妮宝贝	[《安妮宝贝小说选》]	*The Road of Others: A Cult Author's Stories of Love and Illusion in Shanghai*	Keiko Wong, Nicky Harman.	HK: Make-Do Publishing,	2012
董启章 (Dung Kai-Cheung)	《地图集：一个想象的城市的考古学》	*Atlas: The Archaeology of an Imaginary City*	Dung Kai-cheung, Bonnie McDougall, Anders Hansson	New York: Columbia UP	2012

续表

作者	原作	译作	译者	出版社	年份
何家弘	《血之罪》	*Hanging Devils: Hong Jun Investigates*	Duncan Hewitt	Camberwell, Vic.: Penguin Australia	2012
李锐	《无风之树》	*Trees Without Wind*	John Balcom	New York: Columbia UP	2012
莫言	《四十一炮》	*Pow!*	Howard Goldblatt	London; New York; Calcutta: Seagull Books	2012
沈石溪	《红豺》	*Jackal and Wolf*	Helen Wang	London: Egmont	2012
盛可以	《北妹》	*Northern Girls: Life Goes On*	Shelly Bryant	Camberwell, Vic: Penguin Books	2012
铁凝	《哦,香雪》	*Ah, Xiangxue!*	not indicated	BJ: FLTRP	2012
铁凝	《大浴女》	*The Bathing Women*	Hongling Zhang, Jason Sommer	New York: Scribner	2012
王晓方	《公务员笔记》	*The Civil Servant's Notebook*	Eric Abrahamsen	Melbourne, Vic.; New York: Viking: Penguin Group	2012
伍美珍	《不寻常的女孩》	*An Unusual Princess*	Petula Parris-Huang	London: Egmont UK	2012
严歌苓	《金陵十三钗》	*The Flowers of War*	Nicky Harman	London: Harvill Secker; New York: Other Press	2012
阎连科	《受活》	*Lenin's Kisses*	Carlos Rojas	New York: Grove Press; London: Chatto & Windus; Melbourne: Text Publishing Company	2012

续表

作者	原作	译作	译者	出版社	年份
叶广岑	《青木川》	*Greenwood Riverside*	Gao Minna, Du Lixia, Liu Danling	New York: Prunus Press	2012
阿来	《格萨尔王》	*The Song of King Gesar*	Howard Goldblatt	Edinburgh: Canongate Books	2013
巴代	《笛鹳》	*Sorceress Diguwan*	Catherine Hsiao	Taipei: Serenity International	2013
迟子建	《额尔古纳河右岸》	*Last Quarter of the Moon*	Bruce Humes	London: Harvill Secker	2013
高建群	《统万城》	*Tongwan City: A Novel*	Mu Xiaoliang	New York: CN Times Books, Beijing MediaTime Books Co.	2013
格日勒其木格	《黑焰》	*Black Flame*	Anna Holmwood	Toronto; Berkeley: Groundwood Books/House of Anansi Press	2013
黄春明	《黄春明短篇小说集》	*Huang Chunming: Stories*	Howard Goldblatt	HK: Renditions, Chinese UP	2013
雷米	《画像》	*Profiler*	Gabriel Ascher	Beijing: Guomi Digital Technology Co., Ltd.	2013
雷米	《教化场》	*Skinner's Box*	Gaines Post	Beijing: Guomi Digital Technology Co., Ltd.	2013
雷米	《暗河》	*The Blade of Silence*	Holger Nahm	Beijing: Guomi Digital Technology Co., Ltd.	2013
刘慈欣	《流浪地球》	*The Wandering Earth: Classic Science Fiction Collection by Liu Cixin*	Holger Nahm	Beijing: Guomi Digital Technology Co., Ltd.	2013

续表

作者	原作	译作	译者	出版社	年份
马建	《阴之道》	*The Dark Road: A Novel*	Flora Drew	New York: Penguin; London: Chatto & Windus	2013
莫言	《檀香刑》	*Sandalwood Death*	Howard Goldblatt	Norman: University of Oklahoma Press	2012
苏伟贞	《沉默之岛》	*Island of Silence*	Jeremy Tiang	Singapore: Ethoss Book	2013
滕肖澜	《美丽的日子》	*Beautiful Days: Two Novellas*	Qiu Maoru	New York: Better Link Press	2013
吴明益	《复眼人》	*The Man with the Compound Eyes: A Novel*	Darryl Sterk	London: Harvill Secker	2013
希尼尔	《认真面具》	*The Earnest Mask*	Howard Goldblatt, Sylvia Li-chun Lin	Singapore: Epigram Books	2013
徐磊	《盗墓笔记 3:秦岭神树》	*Bronze Tree of Death* (*The Grave Robbers' Chronicles Book 3*)	Kathy Mok	San Francisco: ThingsAsian Press	2013
徐磊	《盗墓笔记 4:云顶天宫》	*Palace of Doom* (*The Grave Robbers' Chronicles Book 4*)	Kathy Mok	San Francisco: ThingsAsian Press	2013
徐磊	《大漠苍狼·绝地勘探》	*Search for the Buried Bomber* (*Dark Prospects*)	Gabriel Ascher	Las Vegas: AmazonCrossing	2013
徐磊	《大漠苍狼·深渊迷雾》	*Into the Abyss* (*Dark Prospects 2*)	Gabriel Ascher	CreateSpace Independent Publishing Platform	2013

续表

作者	原作	译作	译者	出版社	年份
薛舒	《世上最美的脸》	*The Most Beautiful Face in the World*	Yaw-Tsong Lee，Jingwen Zhu	New York：Better Link Press	2013
张悦然	《十爱》	*Ten Loves*	Jeremy Tiang	Singapore：Math Paper Press	2013
朱文	《媒人、学徒与足球迷》	*The Matchmaker，The Apprentice and the Football Fan*	Julia Lovell	New York：Columbia UP	2013
竹林	《天堂在人间》	*Paradise on Earth*	Yaw-Tsong Lee	New York：Better Link Press	2013
毕飞宇	《推拿》	*Massage*	Howard Goldblatt	Melbourne，Vic.：Penguin Group	2014
蔡骏	《生死河》	*The Child's Past Life*	Yang Yuzhi	Seattle：AmazonCrossing	2014
残雪	《最后的情人》	*The Last Lover*	Annelise Finegan	New Haven；London：Yale UP	2014
陈丹燕	《女友间》	*Between Confidantes：Two Novellas*	Qui Maoru，Yang Shuhui，Yang Yunqin	New York：Better Link Press	2014
陈冠中	《裸命》	*The Unbearable Dreamworld of Champa the Driver*	Nicky Harman	London：Doubleday	2014
陈希我	[《罪恶书》]	*The Book of Sins*	Nicky Harman	London：New Writing From Asia	2014
何家弘	《性之罪》	*Black Holes*	Emily Jones	Melbourne，Vic.：Viking	2014
刘慈欣	《三体》	*The Three-Body Problem*	Ken Liu	New York：Tor Books	2014
刘震云	《我不是潘金莲》	*I Did Not Kill My Husband*	Howard Goldblatt	New York：Arcade Publishing	2014

续表

作者	原作	译作	译者	出版社	年份
麦家	《解密》	*Decoded: A Novel*	Olivia Milburn, Christopher Payne	New York: Farrar, Straus and Giroux; London: Allen Lane, an imprint of Penguin Books	2014
莫言	《蛙》	*Frog: A Novel*	Howard Goldblatt	New York: Viking; London: Hamish Hamilton	2014
潘向黎	《缅桂花》	*White Michelia*	Kayan Wong	New York; Shanghai: Better Link Press	2014
彭瑞高	《叫魂》	*Calling Back the Spirit of the Dead*	Yawtsong Lee	New York; Shanghai: Better Link Press	2014
邱妙津	《蒙马特遗书》	*Last Words from Montmartre*	Ari Larissa Heinrich	New York: New York Review of Books Classics	2014
盛可以	《死亡赋格》	*Death Fugue*	Shelly Bryant	Artarmon, Australia: Giramondo	2014
苏德	《没有如果的事》	*There is No If*	Zhu Jingwen	New York: Better Link Press	2014
王小鹰	《假面吟》	*Behind the Singing Masks*	Yawtsong Lee	Clarendon: Tuttle (the distributor of Better Link)	2014
王芫	《北京女人》	*Beijing Women: Stories*	Shuyu Kong, Colin S. Hawes	Portland, ME: MerwinAsia	2014
王周生	《生死遗忘》	*Memory and Oblivion*	Tony Blishen	New York: Better Link Press; Shanghai: Shanghai Press and Publishing Development Company	2014

续表

作者	原作	译作	译者	出版社	年份
谢晓虹	《雪和影》	*Snow and Shadow*	Nicky Harman	HK：East Slope Publihing Limited	2014
徐磊	《盗墓笔记 5：蛇沼鬼城 I》	*Deadly Desert Winds*（*The Grave Robbers' Chronicles Book 5*）	Kathy Mok	San Francisco：ThingsAsian Press	2014
徐磊	《盗墓笔记 6：蛇沼鬼城 II》	*Graveyard of a Queen*（*The Grave Robbers' Chronicles Book 6*）	Kathy Mok	San Francisco：ThingsAsian Press	2014
徐则臣	《跑步穿过中关村》	*Running Through Beijing*	Eric Abrahamsen	San Francisco：Two Lines Press	2014
余华	《黄昏里的男孩》	*Boy in the Twilight：Stories of the Hidden China*	Allan H. Barr	New York：Pantheon Books（hardcover）；New York：Anchor Book（paperback）	2014
张爱玲	《半生缘》	*Half a Lifelong Romance*	Karen Kingsbury	London：Penguin Books	2014
张怡微	《旧时迷宫》	*Labyrinth of the Past*	Cissy Zhao	Clarendon：Tuttle（a distributor of Better Link）	2014
钟理和	《原乡、故乡》	*From the Old Country*	T. M. McClellan	New York：Columbia UP	2014
朱晓琳	《白金护照》	*Platinum Passport*	Jiang Yajun	New York；Shanghai：Better Link Press	2014
走走	《她她》	*She She*	Yaw-Tsong Lee	New York：Better Link Press	2014
阿乙	《下面，我该干些什么》	*A Perfect Crime*	Anna Holmwood	London：Oneworld	2015

续表

作者	原作	译作	译者	出版社	年份
曹文轩	《大王书:黄琉璃》	*Legends of the Dawang Tome: The Amber Tiles*	Nicholas Richards	BJ: Daylight Publishing House, in association with Better Chinese LLC	2015
曹文轩	《青铜葵花》	*Bronze and Sunflower*	Helen Wang	London: Walker Books	2015
刁斗	《出处》	*Points of Origin*	Brendan O'Kane	Manchester: Comma Press	2015
范稳	《悲悯大地》	*Land of Mercy*	Shelly Bryant	Singapore: Rinchen Books	2015
冯唐	《北京,北京》	*Beijing, Beijing*	Michelle Deeter	Seattle: AmazonCrossing	2015
韩寒	《1988:我想和这个世界谈谈》	*1988: I Want to Talk with the World*	Howard Goldblatt	Seattle: AmazonCrossing	2015
韩丽珠	《风筝家族》	*The Kite Family*	Andrea Lingenfelter	HK: East Slope Publishing Ltd.	2015
劳马	《个别人》	*Individuals: China-style Flash Fiction*	Li Qisheng, Li Ping, edited by Mark Kitto	London: Make-do-Publishing	2015
李昂	《迷园》	*The Lost Garden: A Novel*	Sylvia Li-chun Lin, Howard Goldblatt	New York: Columbia UP	2015
梁秉钧	《剪纸》	*Paper Cuts*	Brian Holton	HK: Renditions	2015
刘慈欣	《三体 2:黑暗森林》	*The Dark Forest*	Joel Martinsen	New York: Tor Books	2015
刘震云	《我叫刘跃进》	*The Cook, the Crook, and the Real Estate Tycoon: A Novel of Contemporary China*	Sylvia Li-chun Lin, Howard Goldblatt	New York: Arcade	2015

续表

作者	原作	译作	译者	出版社	年份
路内	《少年巴比伦》	*Young Babylon*	Poppy Toland	Seattle：AmazonCrossing	2015
马原	《西海无帆船》	*No Sail on the Western Sea*	Tony Blishen	New York：Better Link Press	2015
麦家	《暗算》	*In the Dark*	Christopher Payne，Olivia Milburn	London：Penguin UK	2015
莫言	《透明的红萝卜》	*Radish*	Howard Goldblatt	Melbourne，Vic. Penguin Books Australia	2015
慕容雪村	《原谅我红尘颠倒》	*Dancing Through Red Dust*	Harvey Thomlinson	London：FortySix	2015
沈石溪	《红奶羊》	*The Red Milk Sheep*	Curtis Evans	BJ：Sweetafrica Publishers (PTY)	2015
孙未	《熊的自白书》	*The Confession of a Bear*	Yawtsong Lee	New York：Better Link Press	2015
小白	《租界》	*French Concession*	Jiang Chenxin	New York：Harper Collins	2015
严歌苓	《小姨多鹤》	*Little Aunt Crane*	Esther Tyldesley	London：Harvill Secker	2015
阎连科	《四书》	*Four Books*	Carlos Rojas	New York：Grove Press	2015
阎连科	《耙耧天歌》	*Marrow*	Carlos Rojas	Melbourne，Vic. Penguin Books Australia	2015
尤今	《沙漠的悲欢岁月》	*Death by Perfume*	Jeremy Tiang	Singapore：Epigram Books	2015
尤今	《寸寸土地皆故事》	*In Time，Out of Place*	Shelly Bryant	Singapore：Epigram Books	2015

续表

作者	原作	译作	译者	出版社	年份
余华	《第七天》	*The Seventh Day: A Novel*	Allan H. Barr	New York: Pantheon; Toronto: Random House of Canada Ltd.; Melbourne: The Text Publishing	2015
岳韬	《红蟋蟀》	*Shanghai Blue*	Tao Yue	London: World Editions	2015
张瀛太	《熊儿悄声对我说》	*The Bear Whispers to Me*	Darryl Sterk	Singapore; London: Balestier Press	2015
北同（Bei Tong）	《北京故事》	*Beijing Comrades*	Scott E. Myers	New York: Feminist Press	2016
曹文轩	《风鸽儿》	*A Very Special Pigeon*	Helen Wang	Beijing: Renmin wenxue chubanshe, Beijing: Tiantian chubanshe	2016
曹文轩	《火桂花》	*The Cassia Tree*	Helen Wang	Beijing: Renmin wenxue chubanshe, Beijing: Tiantian chubanshe	2016
曹文轩	《灰娃的高地》	*Huiwa's Stand*	Helen Wang	Beijing: Renmin wenxue chubanshe, Beijing: Tiantian chubanshe	2016
曹文轩	《白马雪儿》	*Looking for Snowy*	Helen Wang	Beijing: Renmin wenxue chubanshe, Beijing: Tiantian chubanshe	2016
陈紫金	《无证之罪》	*The Untouched Crime*	Michelle Deeter	Seattle, WA: Amazon Crossing	2016
法医秦明	《第十一根手指》	*Murder In Dragon City*	Alex Woodend	Seattle: Amazon Crossing	2016
刚雪印	《犯罪心理档案》	*A Devil's Mind*	George A. Fowler	Seattle: Amazon Crossing	2016

续表

作者	原作	译作	译者	出版社	年份
格非	《褐色鸟群》	*A Flock of Brown Birds*	Poppy Toland	Melbourne：Penguin	2016
格非	《隐身衣》	*The Invisibility Cloak*	Canaan Morse	New York：New York Review of Books	2016
虹影	《好儿女花》	*Good Children of the Flower*	Gary Xu	Seattle：Amazon Crossing	2016
黄锦树（Kim Chew Ng）	《开往中国的慢船及其他》	*Slow Boat to China and Other Stories*	Carlos Rojas	New York：Columbia UP	2016
贾平凹	《废都》	*Ruined City：A Novel*	Howard Goldblatt	Norman：University of Oklahoma Press	2016
李潼	《再见天人菊》	*Again I See the Gaillardias*	Brandon Yen	London：Balestier Press	2016
刘慈欣	《三体 3：死神永生》	*Death's End*	Ken Liu	New York：Tor	2016
刘震云	《温故一九四二》	*Remembering 1942：And Other Chinese Stories*	Howard Goldblatt	New York：Arcade	2016
莫言	《透明的红萝卜》	*Radish*	Howard Goldblatt	Melbourne，Vic.：Penguin Books Australia	2016
秦文君	《小香草》	*Aroma's Little Garden*	Tony Blishen	New York：Better Link Press	2016
师琼瑜（Shih Chiung-Yu）	《假面娃娃》	*Masked Dolls*	Wang Xinlin，Poppy Toland	London：Balestier Press	2016

续表

作者	原作	译作	译者	出版社	年份
松鹰	《杏烧红》	*Apricot's Revenge: A Crime Novel*	Howard Goldblatt and Sylvia Li-chun Lin	New York：Minotaur	2016
苏童	《中篇小说两则：另一种妇女生活、三盏灯》	*Another Life for Women, Three Lamps*	Kyle David Anderson	New York：Simon and Schuster Australia	2016
唐七公子（Qi Tang）	《三生三世十里桃花》	*To the Sky Kingdom*	Poppy Toland	Seattle：Amazon Crossing	2016
王晋康	《十字》	*Pathological*	Jeremy Tiang	Seattle：Amazon Crossing	2016
徐小斌	《水晶婚》	*Crystal Wedding*	Nicky Harman	London：Balestier Press	2016
薛忆沩	《深圳人》	*Shenzheners*	Darryl Sterk	Westmount，Quebec：Linda Leith Publishing	2016
阎连科	《炸裂志》	*The Explosion Chronicles*	Carlos Rojas	New York：Grove	2016
张小娴（Amy Cheung）	《我这辈子有过你》	*Hummingbirds Fly Backwards*	Bonnie Huie	Seattle：Amazon Crossing	2016
北岛	《城门开》	*City Gate, Open Up: A Memoir*	Jeffrey Yang	Manchester：Carcanet	2017
残雪	《边疆》	*Frontier*	Karen Gernant，Zeping Chen	Rochester，NY：Open Letter	2017

续表

作者	原作	译作	译者	出版社	年份
陈浩基（Ho-Kei Chan）	《13.67》	*The Borrowed*	Jeremy Tiang	New York：Black Cat；New York：Grove Press	2017
董启章（Dung Kai-Cheung）	《梦华录选编：二十五个城市片段》	*Cantonese Love Stories：Twenty-Five Vignettes of a City*	Bonnie S McDougal，Anders Hansson	Docklands，Victoria；Melbourne：Penguin	2017
方棋	《最后的巫歌》	*Elegy of a River Shaman*	Norman Harry Rothschild，Meng Fanjun	Portland，Maine：University of Hawai'i Press	2017
贾平凹	《高兴》	*Happy Dreams*	Nicky Harman	Seattle：AmazonCrossing	2017
贾平凹	《带灯》	*The Lantern Bearer*	Carlos Rojas	Jerico，NY：CN Times	2017
林满秋	《腹语师的女儿》	*The Ventriloquist's Daughter*	Helen Wang	Balestier Press	2017
路内	《花街往事》	*A Tree Grows in Daicheng*	Poppy Toland	Seattle：AmazonCrossing	2017
那多	《一路去死》	*All the Way to Death*	Jiang Yajun	Shanghai：Shanghai Press；New York：Better Link Press	2017
邱妙津	《鳄鱼手记》	*Notes of a Crocodile*	Bonnie Huie	New York：New York Review Books	2017
天下霸唱	《鬼吹灯之精绝古城》	*The City of Sand*	Jeremy Tiang	Delacorte Press	2017
吴明益	《单车失窃记》	*The Stolen Bicycle*	Darryl Sterk	Melbourne，Victoria：Text Publishing Company	2017

续表

作者	原作	译作	译者	出版社	年份
舞鹤	《余生》	*Remains of Life*	Michael Berry	New York：Columbia UP	2017
薛忆沩	《白求恩的孩子们》	*Dr. Bethune's Children*	Darryl Sterk	Montreal：Linda Leith Publishing	2017
阎连科	《年月日》	*The Years，Months，Days：Two Novellas*	Carlos Rojas	New York：Black Cat；New York：Grove Press	2017
叶广芩	《山地故事》	*Mountain Stories*	Hu Zongfeng，He Longping，Zhang Min	Scarborough，UK：Valley Press	2017
章诒和	《红牡丹：中国中篇小说两则》（刘氏女、杨氏女）	*Red Peonies：Two Novellas of China（"The Woman Liu"，"The Woman Yang"）*	Karen Gernant，Zeping Chen	Honolulu：Mānoa，University of Hawaii Press	2017
周浩晖	《摄魂谷》	*Valley of Terror*	Bonnie Huie	Seattle：AmazonCrossing	2017
Alat Asem（阿拉提·阿斯木）	《时间悄悄的嘴脸》	*Confessions of a Jade Lord*	Bruce Humes，Jun Liu	Aurora Publishing LLC；China translation and publishing House	2018
残雪	《新世纪爱情故事》	*Love in the New Millennium*	Annelise Finegan Wasmoen	New Haven：Yale UP	2018
侧侧轻寒	《簪中录》	*The Golden Hairpin*	Alex Woodend	Seattle：AmazonCrossing	2018
迟子建	《晚安玫瑰》	*Goodnight，Rose*	Poppy Toland	Sydney，New South Wales：Penguin	2018
东西	《后悔录》	*Record of Regret*	Dylan Levi King	Norman：University of Oklahoma Press	2018

续表

作者	原作	译作	译者	出版社	年份
金庸	《射雕英雄传》(第一部)	*A Hero Born*	Anna Holmwood	London: MacLehose Press	2018
九丹	《大使先生》	*The Embassy's China Bride*	Bruce Humes	HK: Yat Yuet Publication Company	2018
刘震云	《一句顶一万句》	*Someone to Talk to: A Novel*	Howard Goldblatt, Sylvia Li-chun Lin	Durham, NC: Duke University Press	2018
马建	《中国梦》	*China Dream*	Flora Drew	London: Chatto and Windus	2018
盛可以	《野蛮生长》	*Wild Fruit*	Shelly Bryant	North Sydney, New South Wales: Penguin	2018
师琼瑜	《秋天的婚礼》	*Wedding in Autumn and other stories*	Darryl Sterk	London: Balestier Press	2018
苏童	《红粉》	*Petulia's Rouge Tin*	Weizhen Pan, Martin Merz	Melbourne: Penguin Specials	2018
苏炜	《迷谷》	*The Invisible Valley*	Austin Woerner	Easthampton, MA: Small Beer Press	2018
天下霸唱	《鬼吹灯之岭迷窟》	*The Dragon Ridge Tombs* (*The City of Sand, volume 2*)	Jeremy Tiang	New York: Delacorte Press	2018
阎连科	《日熄》	*The Day the Sun Died*	Carlos Rojas	Melbourne: Text Publishing	2018

续表

作者	原作	译作	译者	出版社	年份
颜歌	《我们家》	*The Chilli Bean Paste Clan*	Nicky Harman	London：Balestier Press	2018
杨争光	《老旦是一棵树》	*How Old Dan Became a Tree*	various	Scarborough，UK：Valley Press	2018
英培安（Yeng Pway Ngon）	《骚动》	*Unrest*	Jeremy Tiang	London：Balestier Press	2018
余华	《四月三日事件》	*The April 3rd Incident*	Alan Barr	New York：Pantheon Books	2018
张爱玲	《小团圆》	*Little Reunions*	Weizhen Pan，Martin Merz	New York：New York Review Books Classics	2018
周浩晖	《死亡通知单》	*Death Notice*	Zac Haluza	New York：US Doubleday，London：UK Head of Zeus	2018
艾伟	《回故乡之路》	*The Road Home*	Alice Xin Liu	Melbourne，VIC：Penguin China	2019
宝树	《三体 X：观想之宙》	*The Redemption of Time*	Ken Liu	New York：Tor Books	2019
陈佳同	《白狐迪拉》	*The White Fox*	Jennifer Feeley	Frome：Chicken House Books	2019
陈楸帆	《荒潮》	*The Waste Tide*	Ken Liu	New York：Tor Books	2019
迟子建	《踏着月光的行板》	*On the Train*	Feng Quangong，Liu Shicong	Paramus，NJ：Homa and Sekey Books	2019

续表

作者	原作	译作	译者	出版社	年份
次仁顿珠（Tsering Dondrup ）	《英俊和尚及其他》	*The Handsome Monk and Other stories*	Christopher Peacock	New York：Columbia University Press	2019
冯骥才	《俗世奇人》	*Faces in the Crowd：36 Extraordinary Tales of Tianjin*	Olivia Milburn	[S. I.]：ACA Publishing Limited	2019
贺淑芳（Ho Sok Fong）	《湖面如镜》	*Lake Like a Mirror*	Natascha Bruce	London：Granta	2019
红柯	《狼嗥》	*The Howl of the Wolf*	not indicated	Scarborough，UK：Valley Press	2019
霍艳	《李约翰》	*Dry Milk*	Duncan Campbell	Artarmon，NSW ：Giramondo	2019
贾平凹	《极花》	*Broken Wings*	Nicky Harman	London，UK：ACA Publishing Limited	2019
蒋子龙	《农民帝国》	*Empire of Dust*	Christopher Payne，Olivia Milburn	London，UK：ACA Publishing Limited	2019
金庸	《射雕英雄传》（第二部）	*Legends of the Condor Heroes 2：A Bond Undone*	Gigi Chang	London：MacLehose Press	2019
孔二狗	《东北往事：黑道风云 20 年》	*Triads & Turbulence，Volume One：Once Upon a Time in Northeastern China*	Stacy Mosher	Singapore：Rinchen Books	2019

续表

作者	原作	译作	译者	出版社	年份
李洱	《花腔》	*Coloratura*	Jeremy Tiang	Norman：University of Oklahoma Press	2019
刘慈欣	《超新星纪元》	*Supernova Era*	Joel Martinsen	New York：Tor Books	2019
路遥	《人生》	*Life*	Chloe Estep	Seattle：Amazon Crossing	2019
墓草	《弃儿》	*In the Face of Death We Are Equal*	Scott E Myers	London：Seagull Books	2019
帕蒂古丽（Patigül）	《百年血脉》	*Bloodline*	Natascha Bruce	Aurora Publishing LLC；China translation and publishing House	2019
三毛	《撒哈拉的故事》	*Stories of the Sahara*	Mike Fu	London：Bloomsbury Publishing	2019
史铁生	《我的丁一之旅》	*My Travels in Ding Yi*	Alex Woodend	London，UK：ACA Publishing Limited	2019
王安忆	《富萍》	*Fu-Ping*	Howard Goldblatt	New York：Columbia University Press	2019
王定国	《敌人的樱花》	*My Enemy's Cherry Tree*	Howard Goldblatt，Sylvia Li-chun Lin	London：Granta	2019
徐卓呆	《中国的卓别林：徐卓呆幽默故事集》	*China's Chaplin：Comic Stories and Farces*	Christopher G Rea	Ithaca，NY：Cornell University	2019

续表

作者	原作	译作	译者	出版社	年份
颜歌	《白马》	*White Horse*	Nicky Harman	London：Hope Road Publishing	2019
杨好	《黑色小说》	*Black Tales*	various	Wuhan：Yangtze River Art and Literature Publishing House	2019
英培安（Yeng Pway Ngon）	《孤寂的脸》	*Lonely Face：A Novel*	Natascha Bruce	London；Singapore：Balestier Press	2019

附录Ⅱ 中国当代小说英译小说集(1949—2019)

编者	小说集题名	出版社	年份
	Registration and Other Stories by Contemporary Chinese Writers	BJ：FLP	1954
	A New Home and Other Stories by Contemporary Chinese Writers	BJ：New World Press	1955
	Building a New Life: Stories about China's Reconstruction	BJ：FLP	1955
	Not Winter But Spring, and Other Stories	BJ：FLP	1956
	At the Seaside	BJ：FLP	1957
	Dawn on the River and Other Stories	BJ：FLP	1957

续表

编者	小说集题名	出版社	年份
	Homeward Journey and Other Stories	BJ：FLP	1957
	Little Star and Other Stories	BJ：FLP	1958
	The Young Coal-miner and Other Stories by Contemporary Chinese Writers	BJ：FLP	1958
	Flame on High Mountain and Other Stories	BJ：FLP	1959
	The Broken Bowl and Other Tales：Selected Stories from China's National Minorities	BJ：China Reconstructs	1959
	A Picture	BJ：FLP	1960
	A Snowy Day and Other Stories by Contemporary Chinese Writers	BJ：FLP	1960
	I Knew All Along and Other Stories	BJ：FLP	1960
Nancy C. Ing	*New Voices：Stories and Poems by Young Chinese Writers*	Taipei：Heritage Press	1961
Lucian Wu	*New Chinese Stories：Twelve Short Stories By Contemporary Chinese Writers*	Taipei：Heritage Press	1961
	Sowing the Clouds：A Collection of Chinese Short Stories	BJ：FLP	1961

续表

编者	小说集题名	出版社	年份
Howard S. Levy	*The Illusory Flame*	Tokyo：Kenkyusha；New York：Paragon Book Gallery	1962
Nieh Hualing	*Eight Stories by Chinese Women*	Taipei：Heritage Press	1962
Lucian Wu	*New Chinese Writing*	Taipei：Heritage Press	1962
	Wild Bull Village：Chinese Short Stories	BJ：FLP	1965
Singko Ly	*An Anthology of Modern Malaysian Chinese Stories*	Singapore；Hong Kong；London：Heinemann Educational Books	1967
Nancy C. Ing	*The Ivory Balls and Other Stories*	Taipei：Meiya Publications	1970
	A Collection of Contemporary Chinese Short Stories	Taipei：Dawning Cultural Service Center	1971
	The Seeds and Other Stories	BJ：FLP	1972
	City Cousin and Other Stories	BJ：FLP	1973
	The Young Skipper and Other Stories	BJ：FLP	1973
	The Muse of China：A Collection of Prose and Short Stories By Contemporary Chinese Women Writers	Taipei：Chinese Women Writers' Association	1974
Ch'i Pang-yuan	*An Anthology of Contemporary Chinese Literature*	Taipei：Institute for Comparative Literature and Translation	1975

续表

编者	小说集题名	出版社	年份
	The Young Pathbreaker and Other Stories	BJ: FLP	1975
Joseph S. M Lau, Timothy A. Ross,	*Chinese Stories from Taiwan 1960—1970*	New York: Columbia UP	1976
	Yenan Seeds and Other Stories	BJ: FLP	1976
	The Golden Bridge: A Selection of Revolutionary Stories	BJ: FLP	1977
	Little Hero of the Reed Marsh and Other Stories	BJ: FLP	1978
	They Were Three	BJ: FLP	1978
	Wild Goose Guerrillas	BJ: FLP	1978
Geremie Barme, Bennett Lee	*The Wounded: New Stories of the "Cultural Revolution" 1977—1978*	HK: Joint Publishing Co.	1979
Winston Yang, Nathan Mao	*Stories of Contemporary China*	New York: Paragon Books	1979
Wai-lim Yip, William Tay	*Chinese Women Writers Today*	Baltimore: University of Maryland	1979
Hsu Kai-yu	*Literature in the People's Republic of China*	Bloomington: Indiana UP	1980
Vivian Hsu	*Born of the Same Roots: Stories of Modern Chinese Women*	Bloomington: Indiana UP	1981

续表

编者	小说集题名	出版社	年份
Wong Meng Voon	*Glimpses of the Past: Stories from Singapore and Malaysia*	Singapore: Heinemann Educational Books	1981
	Prize Winning Stories from China: 1978—1979	BJ: FLP	1981
	The Magic Flute and Other Children's Stories from China	BJ: New World Press	1981
Nancy C. Ing	*Winter Plum: Contemporary Chinese Fiction*	Taipei; San Francisco: Chinese Materials Center	1982
	Seven Contemporary Chinese Women Writers	BJ: CLP, Distributed by China Publications Centre	1982
W. J. F. Jenner	*Fragrant Weeds: Chinese Short Stories Once Labelled as Poisonous Weeds*	HK: Joint Publishing Co.	1983
Joseph S. M. Lau	*The Unbroken Chain: An Anthology of Taiwan Fiction Since 1926*	Bloomington: Indiana UP	1983
Yee Lee	*The New Realism: Writings from China after the "Cultural Revolution"*	New York: Hippocrene Books	1983
Christine Liao	*The Fontana Collection of Modern Chinese Writing*	Melbourne: Fontana, in association with the CL in BJ	1983
Perry Link	*Stubborn Weeds: Popular and Controversial Chinese Literature after the "Cultural Revolution"*	Bloomington: Indiana UP	1983

续表

编者	小说集题名	出版社	年份
Helen Siu, Zelda Stern	*Mao's Harvest: Voices from China's New Generation*	New York: Oxford UP	1983
Mason Y. H. Wang	*Perspectives in Contemporary Chinese Literature*	University Center, MI: Green River Press	1983
Wong Meng Voon, Wong Yoon-wah	*An Anthology of Singapore Chinese Literature*	Singapore: Singapore Association of Writers	1983
Yang Wenjing	*Favorite Children's Stories from China*	BJ: FLP	1983
	Contemporary Chinese Short Stories	BJ: CL, Distributed by China Publications Centre; San Bernardino, California: Borgo Press	1983
Chinese Guangzhou PEN	*Flower City*	Guangzhou: Flower City Publishing House	1984
Perry Link	*Roses and Thorns: The Second Blooming of the Hundred Flowers in Chinese Fiction, 1979—1980*	Berkeley, CA: University of California Press	1984
Stephen Soong, John Minford	*Trees on the Mountain: An Anthology of New Chinese Writing*	HK Renditions, Chinese UP	1984
	Chinese Stories from the Fifties	BJ: CL, Distributed by China International Book Trading Corp	1984
	Snake-Bite Doctor and Other Children's Stories from China	BJ: FLP	1984

续表

编者	小说集题名	出版社	年份
Anderson, Hugh	*A Wind Across the Grass: Modern Chinese Writing with Fourteen Stories*	Ascot Vale, Vic.: Red Rooster Press	1985
Jennifer Anderson, Theresa Munford	*Chinese Women Writers: A Collection of Short Stories by Chinese Women Writers of the 1920s and 1930s*	HK: Joint Publishing Co.	1985
W. C. Chau	*Prize Winning Stories from China: 1980—1981*	BJ: FLP	1985
Michael Duke	*Contemporary Chinese Literature*	Armonk, NY: M.E. Sharpe	1985
Geremie Barme, John Minford	*Seeds of Fire: Chinese Voices of Conscience*	HK: Far Eastern Economic Review	1986
Chinese Guangzhou PEN	*Lost in the Fog*	Guangzhou: New Century Publishing House	1986
Neal Robbins	*Contemporary Chinese Fiction: Four Short Stories, Introduced and Annotated for the Student of Chinese*	New Haven: Far Eastern Publications, Yale University	1986
Chinese Guangzhou PEN	*Goddess of Mt. Tai*	Guangzhou: New Century Publishing House	1987
R. A. Roberts, A. Knox	*One Half of the Sky: Stories of Contemporary Women Writers of China*	London: Heinneman; New York: Dodd, Mead & Co.	1987
Zhu Hong	*The Chinese Western: Short Fiction From Today's China*	New York: Ballantine Books	1988

续表

编者	小说集题名	出版社	年份
Patrick Murphy, Wu Dingbo	*Science Fiction from China*	New York: Praeger	1989
Jeanne Tai	*Spring Bamboo: A Collection of Contemporary Chinese Short Stories*	New York: Random House	1989
Zhu Hong	*Spring of Bitter Waters: Short Fiction from Today's China*	London: Allison & Busby	1989
	An Anthology of Contemporary Chinese War Fiction	BJ: FLP	1989
	Best Chinese Stories, 1949—1989	BJ: CLP	1989
Eva Hung	*Contemporary Women Writers, Hong Kong and Taiwan*	HK: Renditions, Chinese UP	1990
Edward Morin	*The Rose Colored Dinner: New Works By Contemporary Chinese Women Writers*	Honolulu: University of Hawaii Press	1990
Helen Siu	*Furrows, Peasants, Intellectuals, and the State: Stories and Histories from Modern China*	Stanford: Stanford Press	1990
Freeman J. Wong	*Nothing Comes of Nothing: A Treasury of Chinese Mini-stories*	Oakville, ONT: Mosaic Press [Canada]	1990
	Love That Burns on a Summer Night	BJ: CLP	1990

续表

编者	小说集题名	出版社	年份
Ann Carter，Chang，Sung-sheng Yvonne Carter	*Bamboo Shoots After Rain：Contemporary Stories by Women Writers of Taiwan*	New York：The Feminist Press	1990
Bian Ying	*The Time is Not Ripe Yet*	BJ：FLP	1991
Lei Chang	*Selected Works by Members of China PEN Centre of Shanghai*	Shanghai：Shanghai Translation Publishing House	1991
Xu Long	*Recent Fiction From China，1987—1988：Selected Stories and Novellas*	Lewiston，NY；Lampeter，Wales；Queenston，Ont.：Edwin Mellen Press	1991
	Contemporary Chinese Women Writers，II	BJ：CLP，Distributed by China International Book Trading Corp.	1991
Michael Duke	*Worlds of Modern Chinese Fiction*	Armonk，NY：M.E. Sharpe	1991
GeremieBarme ´，Linda Jaivin	*New Ghosts，Old Dreams：Chinese Rebel Voices*	New York：Times Books：Random House	1992
Liu Lianli，Adele Austin Rickett	*Selected Readings of Contemporary Chinese Short Stories*	BJ：Sinolingua	1992
Michelle Yeh，Dominic Cheung	*Exiles and Native Sons*	Taipei：Institute for Compilation and Translation	1992
Zhu Hong	*The Serenity of Whiteness：Stories by and about Women in Contemporary China*	New York：Available Press；New York：Ballantine Press	1992

续表

编者	小说集题名	出版社	年份
	One-Minute Stories	BJ：CLP	1992
Chen Jianing	*Themes in Contemporary Chinese Literature*	BJ：New World Press，Distributed by China International Book Trading Corp.	1993
Hsin-sheng C. Kao	*Nativism Overseas：Contemporary Chinese Women Writers*	Albany：State University of New York Press	1993
David Der-Wei Wang，Jeanne Tai	*Running Wild：New Chinese Writers*	New York：Columbia UP	1993
Henry Y. H. Zhao	*The Lost Boat：Avant-garde Fiction from China*	London：Wellsweep	1993
	Contemporary Chinese Women Writers，III	BJ：CLP，Distributed by China International Book Trading Corp.	1993
Henry Y. H. Zhao，John Cayley	*Under-Sky Underground（Chinese Writing Today，No.1）*	London：Wellsweep	1994
Diana Kingsbury	*I Wish I Were a Wolf：The New Voice in Chinese Women's Literature*	BJ：New World Press，Distributed by China International Book Trading Corp.	1994
Ching-his Peng，Chiu-kuei Wang	*Death in a Cornfield and Other Stories from Contemporary Taiwan*	HK；New York：Oxford UP	1994
Howard Goldblatt	*Chairman Mao Would Not Be Amused*	New York：Grove Press	1995

续表

编者	小说集题名	出版社	年份
Fang Zhihua	*Chinese Short Stories of the Twentieth Century: An Anthology in English*	New York: Garland Publishing	1995
J. Bruce Jacobs, Ouyang Yu	*Bitter Peaches and Plums: Two Chinese Novellas on the Recent Chinese Student Experience in Australia*	Clayton, Victoria: Monash Asia Institute	1995
Joseph S. M. Lau, Howard Goldblatt	*The Columbia Anthology of Modern Chinese Literature*	New York: Columbia UP	1995
	Contemporary Chinese Women Writers, IV	BJ: CLP, Distributed by China International Book Trading Corp.	1995
	Six Contemporary Chinese Women Writers	BJ: CLP	1995
Rosemary Haddon	*Oxcart: Nativist Stories from Taiwan, 1934—1977*	Dortmund: ProjektVerlag	1996
Henry Y. H. Zhao, John Cayley	*Abandoned Wine (Chinese Writing Today, No. 2)*	London: Wellsweep	1996
Carolyn Han (retold)	*Tales from Within the Clouds: Nakhi Stories of China*	Honolulu: University of Hawaii Press	1997
	Anecdotal One-Minute Stories	BJ: CLP, Distributed by China International Book Trading Corp.	1997
Wang Jing	*China's Avant-Garde Fiction: An Anthology*	Durham, NC: Duke UP	1998

续表

编者	小说集题名	出版社	年份
Martha Cheung	*Hong Kong Collage: Contemporary Stories and Writing*	HK; New York: Oxford UP	1998
Carolyn Choa, David Li-Qun Su	*The Picador Book of Contemporary Chinese Fiction*	London: Picador	1998
	Contemporary Chinese Women Writers, Vol VII	BJ: CLP, Distributed by China International Book Trading Corp.	1998
Pang-Yuan Chi	*Taiwan Literature in Chinese and English*	Taipei: Commonwealth Publishing Ltd	1999
Eva Hung	*Hong Kong Stories: Old Themes New Voices*	HK: Renditions, Chinese UP	1999
Tsering Wangdu Shakya	*Song of the Snow Lion: New Writings from Tibet* (*Manoa 12:2*)	Honolulu: University of Hawaii Press	2000
Herbert Batt	*Tales of Tibet*	Lanham: Rowman & Littlefield Publishers	2001
Carolyn Choa, David Li-Qun Su	*The Vintage Book of Contemporary Chinese Fiction*	New York: Vintage Books	2001
Eva Hung	*City Women: Contemporary Taiwan Women Writers*	HK: Renditions, Chinese UP	2001
Patricia Sieber	*Red Is Not the Only Color: Contemporary Chinese Fiction on Love and Sex Between Women, Collected Stories*	Lanham, MD: Rowman and Littlefield	2001

续表

编者	小说集题名	出版社	年份
Henry Zhao et al.	*Fissures: Chinese Writing Today*	Brookline, MA: Zephyr Press	2001
Pang-yuan Chi, David Der-wei Wang	*The Last of the Whampoa Breed: Stories of the Chinese Diaspora*	New York: Columbia UP	2003
Fran Martin	*Angelwings: Contemporary Queer Fiction from Taiwan*	Honolulu: University of Hawaii Press	2003
Shu-ning Sciban, Fred Edwards	*Dragonflies: Fiction by Chinese Women in the Twentieth Century (Cornell East Asia Series)*	Ithaca, NY: Cornell UP	2003
Frank Stewart, Herbert J. Batt	*The Mystified Boat and Other New Stories from China—Special issue of Manoa: A Pacific Journal of International Writing 15, 2 (Winter 2003)*	Honolulu: University of Hawaii Press; London: Eurospan	2003
Ying Wu et al.	*Selected Short Stories from China (1991—2000)*	Shanghai: Shanghai Literature and Art Pub. House: Shanghai Press and Publishing Development Co.	2004
Amy Dooling	*Writing Women in Modern China: The Revolutionary Years*, 1936—1976	New York: Columbia UP	2005
John Balcolm	*Indigenous Writers of Taiwan: An Anthology of Stories, Essays, and Poems*	New York: Columbia UP	2005
Kuo-ch'ing Tu, Robert Backus	*Folk Stories from Taiwan*	Santa Barbara, CA: Center for Taiwan Studies, University of California	2005

续表

编者	小说集题名	出版社	年份
Harry J. Huang	*An Anthology of Chinese Short Short Stories*	BJ：FLP	2005
	Children's Stories from Taiwan	Santa Barbara，CA：Center for Taiwan Studies，University of California	2005
Better Link Press	*Selected Short Stories from Contemporary China*	New York：Better Link Press	2006
Aili Mu et al.	*Loud Sparrows：Contemporary Chinese Short-Shorts*	New York：Columbia UP	2006
Qi Shouhua	*The Pearl Jacket and Other Stories：Flash Fiction from Contemporary China*	Berkeley，CA：Stone Bridge Press	2008
He Xiangyang	*How Far is Forever and More Stories by Women Writers*	BJ：FLP	2008
Eva Hung	*To Pierce the Material Screen：An Anthology of 20th-Century Hong Kong Literature*，*2 vols. Vol 1 on Fiction*	HK：Renditions，Chinese UP	2008
Kirk A. Denton	*China：A Traveler's Literary Companion*	Berkeley：Whereabouts Press	2008
Li Jingze et al.	*The Great Masque：And More Stories of Life in the City*	BJ：FLP	2008
Freeman J. Wong	*An Anthology of Chinese Short-Short Stories in Chinese & English*	Shanghai：Shanghai Foreign Language Education Press	2008

续表

编者	小说集题名	出版社	年份
Xie Youshun	*Plum Raindrops: And More Stories About Youth*	BJ: FLP	2008
Bing Feng	*One Fallen Leaf*	BJ: FLP	2009
Liu Tao	*Street Wizards and Other New Folklore*	BJ: FLP	2009
Shi Zhanjun	*The Mud Boot Wedding and Other Ethnic Minority Stories*	BJ: FLP	2009
Sun Fangyou	*A Refined Robber and Other Selected Anecdotal One-Minute Stories*	BJ: FLP	2009
Zhang Yiwu et al.	*Going to Town and Other Rural Stories*	BJ: FLP	2009
Zhang Yiwu et al.	*Jade Streetlights and More Stories of Longing*	BJ: FLP	2009
Karen Gernant et al.	*Eleven Contemporary Chinese Writers*	Monroe, LA: Turnrow Books	2010
Patrick Wallace	*Short Stories for Kids and Teens by Contemporary Shanghai Writers*	New York: Better Link Press; Zurich: Shanghai; Enfield: Publishers Group UK	2010
Sam Meekings	*Stories from Contemporary China: Zhou Yu's Train by BeiCun, The Sprinkler by Xu Yigua, The Crime Scene by Li Er*	New York: Better Link Press; Zurich: Shanghai ; Enfield: Publishers Group UK	2010
Yang Shuhui, Yang Yunqin	*Children's Stories—By Contemporary Shanghai Writers*	New York: Better Link Press; Zurich: Shanghai; Enfield: Publishers Group UK	2010

续表

编者	小说集题名	出版社	年份
Zhang Ming et al.	*Old Land, New Tales: Twenty Short Stories by Writers of the Shaanxi Region in China*	BJ: China Intercontinental Press	2011
Liu Ding et al.	*Shi Cheng: Short Stories from Urban China*	Manchester: Comma Press	2012
Josh Stenberg	*An Anthology of New Short Stories from China*	Honolulu: University of Hawaii Press	2012
Vivian H. Zhang	*The Women from Horse Resting Villa and Other Stories*	San Francisco, Calif.: Long River Press	2012
John Balcolm	*Short Stories in Chinese: New Penguin Parallel Text*	New York: Penguin Books	2013
Li Jingze et al.	*A Voice from the Beyond*	BJ: FLP	2014
Li Jingze et al.	*Irina's Hat*	BJ: FLP	2015
Li Jingze et al.	*Keep Running, Little Brother*	BJ: FLP	2015
Li Jingze et al.	*Shadow People*	BJ: FLP	2015
Li Jingze et al.	*Sweetgrass Barracks*	BJ: FLP	2015
Li Jingze et al.	*The Last Subway*	BJ: FLP	2015
Li Jingze et al.	*The Sugar Blower*	BJ: FLP	2015
Li Jingze et al.	*To The Goat-Dipping*	BJ: FLP	2015
Ou Ning, Austin Woerner	*Chutzpah! New Voices from China*	Norman: University of Oklahoma Press	2015

续表

编者	小说集题名	出版社	年份
Li Bin	*Selected Contemporary Short Stories of Tianjin*	BJ：China Intercontinental Press	2016
Ken Liu	*Invisible Planets: Contemporary Chinese Science Fiction in Translation*	New York：Tor Books	2016
Charles A. Laughlin et al.	*By the River: Seven Contemporary Chinese Novellas*	Norman：University of Oklahoma Press	2016
Huang Yunte	*The Big Red Book of Modern Chinese Literature*	New York：W. W. Norton & Company	2016
Aili Mu	*Contemporary Chinese Short-Short Stories: A Parallel Text*	New York；Chichester，West Sussex：Columbia UP	2017
Jonathan Stalling	*Contemporary Taiwanese Women Writers: An Anthology*	Amhurst，New York：Cambria Press	2018
Mingwei Song，Theodore Huters	*The Reincarnated Giant: An Anthology of Twenty-First-Century Chinese Science Fiction*	New York；Chichester，West Sussex：Columbia UP	2018
Harry J. Huang	*A New Anthology of Chinese Short-Short Stories: Ancient and Contemporary Romance，Social Ills，Twists and Turns in Life*	Toronto：Bestview	2019
Ken Liu	*Broken Stars: Contemporary Chinese Science Fiction in Translation*	New York：Tor Books	2019
Sy Ren Quah，Wai Siam Hee	*Memorandum: A Sinophone Singaporean Short Story Reader*	Singapore：Ethos Books	2019

中華譯學館 · 中华翻译研究文库

许　钧◎总主编

第一辑

中国文学译介与传播研究(卷一)　许　钧　李国平　主编
中国文学译介与传播研究(卷二)　许　钧　李国平　主编
中国文学译介与传播研究(卷三)　冯全功　卢巧丹　主编
译道与文心——论译品文录　许　钧　著
翻译与翻译研究——许钧教授访谈录　许　钧　等著
《红楼梦》翻译研究散论　冯全功　著
跨越文化边界:中国现当代小说在英语世界的译介与接受　卢巧丹　著
全球化背景下翻译伦理模式研究　申连云　著
西儒经注中的经义重构——理雅各《关雎》注疏话语研究　胡美馨　著

第二辑

译翁译话　杨武能　著
译道无疆　金圣华　著
重写翻译史　谢天振　主编
谈译论学录　许　钧　著
基于“大中华文库”的中国典籍英译翻译策略研究　王　宏　等著
欣顿与山水诗的生态话语性　陈　琳　著
批评与阐释——许钧翻译与研究评论集　许　多　主编
中国翻译硕士教育研究　穆　雷　著
中国文学四大名著译介与传播研究　许　多　冯全功　主编
文学翻译策略探索——基于《简·爱》六个汉译本的个案研究　袁　榕　著
传播学视域下的茶文化典籍英译研究　龙明慧　著

第三辑

关于翻译的新思考 许 钧 著
译者主体论 屠国元 著
文学翻译中的修辞认知研究 冯全功 著
文本内外——戴乃迭的中国文学外译与思考 辛红娟 刘园晨 编著
古代中文典籍法译本书目及研究 孙 越 编著
《红楼梦》英译史 赵长江 著
改革开放以来中国当代小说英译研究 吴 赟 著
中国当代小说英译出版研究 王颖冲 著
林语堂著译互文关系研究 李 平 著
林语堂翻译研究 李 平 主编
傅雷与翻译文学经典研究 宋学智 著
昆德拉在中国的翻译、接受与阐释研究 许 方 著
中国翻译硕士教育探索与发展(上卷) 穆 雷 赵军峰 主编
中国翻译硕士教育探索与发展(下卷) 穆 雷 赵军峰 主编

图书在版编目(CIP)数据

中国当代小说英译出版研究 / 王颖冲著. —杭州：浙江大学出版社，2022.1

(中华翻译研究文库 / 许钧总主编)

ISBN 978-7-308-21825-2

Ⅰ.①中… Ⅱ.①王… Ⅲ.①小说—英语—文学翻译—研究—中国 Ⅳ.①H315.9 ②I207.4

中国版本图书馆 CIP 数据核字(2021)第 203470 号

中華譯學館

莫言題

中国当代小说英译出版研究

王颖冲 著

出 品 人 褚超孚
丛书策划 张 琛 包灵灵
责任编辑 田 慧
责任校对 杨利军
封面设计 程 晨
出版发行 浙江大学出版社
(杭州市天目山路 148 号 邮政编码 310007)
(网址：http://www.zjupress.com)
排 版 浙江时代出版服务有限公司
印 刷 杭州高腾印务有限公司
开 本 710mm×1000mm 1/16
印 张 14.25
字 数 185 千
版 印 次 2022 年 1 月第 1 版 2022 年 1 月第 1 次印刷
书 号 ISBN 978-7-308-21825-2
定 价 52.00 元